"十三五"江苏省高等学校重点教材

（编号：2018-2-172）

U0660984

创新创业实训

蔡柏良　主　编

南京大学出版社

图书在版编目(CIP)数据

创新创业实训/蔡柏良主编. —南京：南京大学
出版社,2019.10(2021.7 重印)
　　ISBN 978 - 7 - 305 - 08649 - 6

　　Ⅰ.①创…　Ⅱ.①蔡…　Ⅲ.① 创业－高等学校－教材
Ⅳ.①F241.4

　　中国版本图书馆 CIP 数据核字(2019)第 227264 号

出版发行　南京大学出版社
社　　址　南京市汉口路 22 号　　　　邮编　210093
出 版 人　金鑫荣

书　　名　**创新创业实训**
主　　编　蔡柏良
责任编辑　钱梦菊　　　　　　　编辑热线　025 - 83686531

照　　排　南京开卷文化传媒有限公司
印　　刷　南京百花彩色印刷广告制作有限责任公司
开　　本　787×960　1/16　印张 13.5　字数 240 千
版　　次　2019 年 10 月第 1 版　2021 年 7 月第 3 次印刷
ISBN 978 - 7 - 305 - 08649 - 6
定　　价　34.00 元

网　　址:http://www.njupco.com
官方微博:http://weibo.com/njupco
微信服务号:njuyuexue
销售咨询热线:(025)83594756

前　言

2007 年 10 月,党的十七大报告提出"提高自主创新能力,建设创新型国家"和"促进以创业带动就业"的发展战略。2010 年教育部印发《关于大力推进高等学校创新创业教育和大学生自主创业工作的意见》中指出"在高等学校开展创新创业教育,积极鼓励高校学生自主创业,是教育系统深入学习实践科学发展观,服务于创新型国家建设的重大战略举措;是深化高等教育教学改革培养学生创业精神和实践能力的重要途径;是落实以创业带动就业,促进高校毕业生充分就业的重要措施"。2015 年,国务院办公厅发布《关于深化高等学校创新创业教育改革的实施意见》,为我国创新创业教育的开展做了全面部署,也将高校创新创业教育的开展推向了新的高度。本书是在深化高等学校创新创业教育改革,实施国家创新驱动发展战略,促进高校毕业生更高质量创业就业的背景下,根据高等院校大学生创新创业教育实际需求而编写的一部实训类教材。

本书以典型案例导入,通过知识讲解、项目训练、总结思考、拓展应用五个部分,循序渐进,完整讲解和训练学生创新创业意识、创新思维方法与能力、创新创业技能、创新创业成果孵化等内容,最后通过实践案例的设计、实施、路演与展示等集成训练,提升学生创新创业综合素质与能力。

本书主要有以下几个特点:

1. 编写理念先进。本书编写采用案例导入和探究学习法,通过典型案例分析导入学习内容,给出训练目标与项目内容以及实训指导,实训后开展总结与扩展应用,启发学生探究与思考,从而达到提升大学生创新思维能力和创业实践能力的目标。

2. 编写体例新颖。该教材以五部教学法为编写体例,每个实训内容包括典型案例、知识讲解、项目训练、总结思考、拓展应用五个部分,理论讲解与实践训练紧密衔接、层次分明、循序渐进,便于学生在真实情景中开展创新思维与创业能力训练,具有很强的实操性。

3. 内容选取针对性强。该教材在借鉴现有典型创新创业教材的基础上,对创新创业内容进行重组,选择与创业紧密联系的创新知识搭建主体框架,用体现创新理念的创业案例和项目相配合,形成"创新中有创业,创业中含创新"特色。

4. 教学资源丰富。该教材在学校多年创新创业类课程的教学实践与教学研究的基础上,精心组织内容、选取典型项目案例,形成配套教学资源。全书选取典型案例 30 个,大型实战案例训练 6 个,实战案例提供全套电子版材料,供教学使用。

本书适合高等院校各专业用作开展创新创业教育的通用教材,也可用作企业继续教育的培训教材,也可作为创新创业项目开展与竞赛辅导用书,还可用作读者拓宽视野、增长知识的自学用书。教师可以根据教学对象和授课学时不同,灵活选择相关内容进行重点学习。

本书由盐城师范学院蔡柏良教授主编。全书共分为五章,各章编写人员及其分工如下:刘井飞、陆美莲、夏青编写第 1 章;倪建钢、王辉编写第 2 章;王胜、陈时高、王力、崔峰编写第 3 章;别红桂、黄胜编写第 4 章;郭晓俐、王胜编写第 5 章。郭晓俐负责全书的大纲编制、内容统稿、校对等工作。

本书在编写过程中,参考了有关教材、论著和期刊等,限于篇幅,恕不一一列出,特此说明并致谢。因各种条件所限,未能与有关编著者取得联系,引用与理解不当之处,敬请谅解!

编 者

2019 年 10 月

目　录

第一章

树立创新创业意识

第一节 创新创业知识

典型案例

2015年初，美国《时代》杂志评选出2014年度十大科技产品，深圳市大疆公司的"精灵"系列航拍飞行器"Phantom 2 Vision＋"成为唯一入选的中国产品。

在随后《纽的时报》发布的2014年杰出的高科技产品中，大疆"悟"系列的无人机产品"DJI Inspire1"荣登榜首。这个几年前还在深圳一套民房里办公，只有五六位大学生的航模公司，现如今客户已遍布全球100多个国家，占有国际无人机市场份额近七成。《华尔街日报》评价大疆公司为"首个在全球主要的消费产品领域成为先锋者的中国企业"。作为大疆的掌门人，汪滔丝毫不敢懈怠，工作态度仍旧像他2006年在大学宿舍中创建大疆时一样，一丝不苟。汪滔说："我很欣赏史蒂夫·乔布斯的一些想法，但世上没有一个人是让我真正佩服的。你所要做的就是比别人更聪明——这就需要你与大众保持距离。如果你能创造出这种距离，就意味着你成功了。"

汪滔在上大学的头三年，一直没找到自己的人生目标，但在大四的时候他开发了一套直升机飞行控制系统，他的人生由此改变。为了这个项目，汪滔可谓付出了一切，经常熬夜到凌晨5点。虽然他开发的这个机载计算机的悬停功能在班级展示前一晚出了问题，但他付出的心血并没有白费。汪滔最初是在大学宿舍中制造飞行控制器的原型,2006 年,他和自己的两位同学来到了中国制造业中心——深圳。他们在一套三居室的公寓中办公,汪滔将他在大学获得的奖学金的剩余部分全部拿出来搞了研究。

核心团队建立后,汪滔继续开发产品,并开始向国外业余爱好者销售,这些人从德国和新西兰等国家给他发来电子邮件。在美国,《连线》杂志主编安德森创办了无人机爱好者的留言板 DIY Drones,上面的一些用户提出无人机应该从单旋翼设计向四旋翼设计转变,因为四旋翼飞行器价格更便宜,也更容易进行编程。大疆公司开始开发研制具有自动驾驶功能的更为先进的飞行控制器。试飞成功以后,汪滔开始带着它们到一些小型贸易展上推销。

在深圳大疆公司的办公室里,汪滔正畅想着消费级无人机行业的未来。随着无人机开始向农业、建筑业和地图等商业应用领域扩展,汪滔下定决心要保持大疆公司的市场主导地位。"我们当前面临的主要发展瓶颈是:如何快速解决各类技术难题? 我们不能满足于眼前的成绩。"

知识讲解

(一) 创新的概念、类型与特征

1. 创新的概念

创新是指以现有的思维模式提出有别于常规或常人思路的见解为导向,利用现有的知识和物质,在特定的环境中,本着理想化需要或为满足社会需求,而改进或创造新的事物、方法、元素、路径、环境,并能获得一定有益效果的行为。

2. 创新的类型

根据创新活动中创新对象的不同,把创新分为知识创新和技术创新。

知识创新是指通过科学研究获得新的基础科学和技术科学知识的过程。知识创新为认识世界、改造世界提供新理论和新方法,为人类文明的进步和社会的发展提供不竭动力。

技术创新是指应用创新的知识和新技术,采用新的生产方式和经营管理模式,提高产品质量,开发、生产新的产品,以达到保证质量、降低成本、保护环境或使生产过程更加安全和省力。技术创新可在四个层面上实现：工艺路线的革新、材料替代和重组、工艺装备的革新和操作方法的革新。

知识创新与技术创新作为人类创新活动的主要方面，互相之间存在复杂的交互作用。知识创新是技术创新的基础，技术创新是知识创新的应用与发展。

3. 创新的特征

创新是人类特有的实践活动。创新是在意识支配下进行的创造性活动，创新也是一种有规律的实践活动。创新的特质是开拓进取，而不是做简单的复制者。创新是社会进步的动力，是事业兴旺的阶梯。创新活动具有以下基本特征：

一是目的性。任何创新活动都有一定的目的，这个特性贯彻于创新过程的始终。

二是价值性。创新有明显、具体的价值，对经济社会具有一定的效益。

三是超前性。创新以求新为灵魂，具有超前性。这种超前是从实际出发、实事求是的超前。

四是新颖性。创新是对现有的不合理事物的扬弃，革除过时的内容，确立新事物。

五是变革性。创新是对已有事物的改革和革新，是一种深刻的变革。

（二）创业的概念、类型与特征

1. 创业的概念

创业是创业者通过以环境的互动、发现、识别、评价、开发利用机会、整合资源，进而创造价值的过程，其价值体现在为顾客提供的产品或服务之中。我们一般意义的创业指的是主体以创造价值和就业机会为目的，通过组建一定的企业组织形式，为社会提供产品服务的经济活动。

2. 创业的类型

按照不同的标准可将创业分为不同的类型。

从创业的主体来看，可分为大学生创业、农民创业、失业者创业、退休者创业、辞职者创业、兼职者创业、残疾人创业等。

从创业的动机来看，可分为生存型创业和机会型创业。

从创业的项目来看，可分为高新技术型创业、传统技术型创业、知识服务型创业、体力服务型创业等。

根据创业者对市场的不同认识,人们多会采用复制型创业、冒险型创业、安定型创业和模仿型创业四种创业类型。

3. 创业的特征

创新是创业的本质特征。无创新的创业,是低层次创业,很难有持久的生命力。创新意味着给市场引入了一种"新组合"。"新组合"包括:引进一种新产品或服务,提供一种新的生产方式,开辟一个新市场,掌握一种新的原材料的供应源或者创建一个新的组织。创业是实现创新的过程,创新存在于创业企业发展的全过程,而不局限于创业的初期阶段。

创业必须付出必要的时间和大量的精力,付出极大的努力。因此,创业具有复杂性、风险性、收益性。

(三) 开展大学生创新创业教育的意义

推进大众创业、万众创新,是培育和催生经济社会发展新动力的必然选择,是扩大就业、实现富民之道的根本举措,是激发全社会创新潜能和创业活力的有效途径。创新创业不仅可以满足大学生的心理需求,有助于其自我价值的实现,而且可以缓解大学生的就业压力,帮助其积累财富,创新创业已经成为当代大学生的新选择。大学生是最具创新、创业潜力的群体之一。在高等学校开展创新创业教育,积极鼓励高校学生自主创业,是教育系统服务于创新型国家建设的重大战略举措;是深化高等教育教学改革,培养学生创新精神和实践能力的重要途径;是落实以创业带动就业,促进高校毕业生充分就业的重要措施。

1. 国家层面

(1) 开展创新创业教育,是提升国家竞争力的战略之举

创新是新时代民族进步的灵魂,创新科技是国家竞争力的核心。当前,随着经济文化全球化步伐的不断加快,国家和区域之间的竞争日趋激烈,资源、人口、国土面积等自然因素不再是检验一个国家核心竞争力提升的标志,一个国家核心竞争力取决于这个国家民族的整体创新意识和能力的强弱、创新氛围是否浓厚、创新人才质量和数量等因素。科技的进步促使现代社会已经步入"互联网+"的时代,创新已经成为我国经济发展不可或缺的重要驱动力量和永恒主题。我们国家提出要坚持走中国特色自主创新道路,实施创新驱动

发展战略,科技创新和科技进步是重中之重,培养创新创业型人才成为国家核心竞争力提升的重要保证。

(2) 开展创新创业教育,是经济社会发展的内在需求

随着全球经济一体化步伐的不断加快,我国经济发展方式正在进行深层次调整和巨大历史变革,正逐渐从资源驱动型经济向创新驱动型经济转变。过去粗放、过度依靠耗费资源和污染环境的发展方式已经不适应当前的经济形势,产业结构调整是当前经济结构调整的主要内容。在产业结构调整中需要注意处理:发展新兴产业和用新技术改造传统产业的关系。新兴产业和新技术的发展都需要创新的氛围、思维和人才。在这种情况下,经济转型升级和产业结构调整急需大批具有创新意识和创新能力的高端人才,为社会生产和企业发展转型升级提供支撑。开展创新创业教育,培养创新型高端人才,有助于国家实施产业转型发展,进一步优化经济结构,提升经济内生动力和整体质量。

2. 高校层面

(1) 高等教育主动适应国家创新驱动发展战略的体现

大力发展创业教育是世界高等教育发展的必然趋势。从就业教育走向创新创业教育,是我国高等教育改革和发展的必然选择,当前,国家对创新创业高度重视,并提出"大众创业、万众创新"的战略理念,进一步将创新创业上升到国家战略。为社会主义现代化建设培养建设者和接班人是高校的重要使命。在国家创新驱动发展战略的背景下,对我国高校创新创业教育提出新的历史任务和更高要求。国家所需要的创新型人才,需要依靠高等教育来培养。高校要在新时代背景下,深化教育教学改革,更新教育理念,改变教学模式,让创新创业教育贯穿于人才培养的全过程,培养大学生的创新精神和创新意识,为国家创新战略实施和国家核心竞争力提升提供有力的人才支撑。

(2) 有利于高校适应区域经济发展,培养高素质人才

一方面,当前高校毕业生的就业形势不容乐观,高校毕业生的就业压力逐渐增大,随着经济的转型升级,产业结构的调整,促使用人单位对毕业生的要求也有所改变,不仅需要高校毕业生具有较强的专业技能,更需要具有较强的创新意识和创新能力,能够为企业可持续发展注入动力。高校特别是地方高校在人才培养中应适应区域经济发展的需要,让教学活动与生产活动联系更为紧密,建立有利于面向经济社会发展的人才培养体系,为区域经济发展提供

人才支持和智力支撑。另一方面,大力开展创新创业教育,培养学生的创新意识、创业精神,提高创业能力,使创新更好地去促进创业,使创业更好地带动就业,不断提高大学生的创新创业能力,从而解决社会就业压力,促进经济发展和社会进步。

3. 学生层面

(1) 创新创业能够实现自我价值

大学生正处于人生的黄金时期,精力充沛,接受能力强,思想活跃,富有创新精神,敢闯敢拼,勇于接受挑战,不喜欢被束缚。这些特点符合创新创业对从业者的需要,也给有理想的大学生提供了自我实现的机会。与计划经济相对应的毕业分配相比,当今中国为大学生提供了越来越多的追求自我发展、创业就业的选择机会与支持环境。创新创业是当今中国送给大学生的一份厚礼,是时代给当代大学生提供的新选择。与传统就业单位较多的条条框框相比,创业领域是创业者主动选择的,可以在创业活动中将自己的才华和个性展现得淋漓尽致,同时也可以把自己的价值与社会价值统一起来。有创业理想的大学生应把握这一历史机遇,在为国家、为社会做出贡献的同时,体现自己的人生价值。

(2) 培养创新创业思维和能力

学生创新思维的培养,是高校创新创业教育的一项重要内容。当前,激烈的就业竞争和巨大的工作压力,让一些毕业生无法适从,存在畏难情绪和惧怕心理,缺乏敢于创新、勇于创新的热情和动力,究其原因,其中最重要的问题是学生缺乏竞争意识和创新思维。高校实施创新创业教育,为学生创新创业提供载体和平台,创造良好氛围,让学生在走出校门前通过这些载体和平台,提高实践能力,不断磨炼自己的创新意识和创新能力。大学生通过专业知识、兴趣爱好、技术特长进行创新创业,如果找到合适的商机,大学生所掌握的知识、技术以及所提供的服务就可以转化为财富。创新创业在为个人积累财富的同时,为社会和他人也积累了财富,从而展现新时代大学生的风采。

(3) 创新创业成为大学生择业的新动向

当前我国大学生就业形势较为严峻,2019 年高校毕业生人数高达 860 万。在这样的情况下,大学生的就业压力可想而知。大学生创业不仅解决了自己的就业问题,还能为更多的人创造就业机会,实现人生追求及价值。

在大众创业、万众创新不断向纵深发展的今天,大学生创新创业已不仅是个人的选择,而且已经成了社会认同的一种有价值的行为。特别是伴随着风险投资、互联网和电子商务在中国的迅猛发展,越来越多的大学生创业企业诞生。阿里巴巴的马云等成功创业者的奋斗经历正感染并激励着当代大学生在创新创业的道路上不断前行。

项目训练

(一) 训练目标

(1) 加深对创新、创业的概念、类型、特征的理解,使学生掌握开展创新创业活动所需要的基本知识。

(2) 通过意识培养、能力提升、环境认识、实践模拟等构建大学生创新创业能力培养体系。

(二) 训练方法

(1) 从网络、手机、电视、书籍等途径查阅有关"创新、创业"的案例、人物、观点。

(2) 引导学生认知当今企业及行业环境,了解创业机会,把握创业风险,掌握商业模式开发的过程、设计策略及技巧等。

(3) 参加学校创新创业论坛、科技创新大赛,听取创业成功人士讲座、报告会。

(三) 训练内容

(1) 通过对众多信息的获取和查阅,进行分析,进一步理解创新创业的本质及内涵。

(2) 进一步理解创新创业的类型与过程等方面的知识,了解国家、地方关于对大学生创新创业的政策文件,加深对大学生进行创新创业教育重要性的认识。

(3) 通过耳濡目染,提高创新创业意识,通过创新创业成功榜样的激励,唤起大学生的创新创业热情。

(4) 通过创业计划书撰写、模拟实践活动开展等,鼓励学生体验创业准备的各个环节,包括创业市场评估、创业融资、创办企业流程与风险管理等。

总结思考

（1）创新、创业的概念是什么？它们分为哪些类型？
（2）你认为对大学生进行创新创业教育有何意义？

拓展应用

大学生创业倾向调查测验

你适合创业吗？从以下六个方面考察，选择最符合自己特征的描述：

A. 完全符合　　　　B. 很符合　　　　C. 不太符合　　　　D. 完全不符合

	A	B	C	D
一、个人背景				
1. 你具备了丰富的经营知识，让公司能够正常地运作。				
2. 你经常参加创业类社团或组织的活动。				
3. 只要学校有关于创业的大赛，你就会积极地参加。				
4. 你已经有了详细的创业规划，对你的创业已经充满了期待。				
5. 你时常接受关于创业的教育，来增加你的创业意识。				
6. 你会利用自己空闲的时间去兼职，并积累了丰富的实践经历。				
二、个人特质				
1. 公司的经营需经历许多的风险，你敢于接受这些风险。				
2. 你非常自信和独立，认为事情成败是自身能力可把握的。				
3. 你在平常的生活圈中，总是具有威信，行动像个领袖。				
4. 如果一件物体出现在你眼前，你脑子会出现类似的物体。				
三、做事态度				
1. 你做一件事情时，总是果断干练。				
2. 每一天你会以全新的面貌对待生活，精力也十分充沛。				
3. 你敢于面对困难，有一种初生牛犊不怕虎的精神。				

	A	B	C	D
续　表				
4. 你缺乏独自处事的经验,也缺乏社会经历。				
四、主观态度				
1. 你认为自己的想法很成熟,希望别人认同自己的想法。				
2. 你年轻有活力,敢于拼搏,勇于接受挑战。				
3. 你为自己制定了目标,并且实现个人目标的愿望强烈。				
4. 你创业的态度在于追求名利、地位。				
5. 你很希望被社会认可,做出一番事业来。				
6. 你就是为了积累金钱和财富而创业的。				
7. 你希望经过自己创业来回报社会,为社会做出贡献。				
五、环境影响				
1. 你的父母有自己的企业,能够帮助你创业。				
2. 你朋友的创业经历对你创业有一定的鼓励。				
3. 在学校有宽松的校园创业文化氛围。				
六、最终意愿				
1. 现在虽然没有自己的企业,但你打算将来创立自己的企业。				
2. 如果现在打算创业,你会选择与自己专业有关的企业类型。				
3. 你有强烈的愿望创业,来实现你心中的梦想。				

　　A:4 分;B:3 分;C:2 分;D:1 分;总分 108 分。65 分以下创业意识比较淡薄,建议适当放弃创业想法;65—90 分具有创业的冲动;90 分以上创业意识较强,可以开始准备创业。

第二节　创新创业认知

典型案例

　　王兴是校内网、饭否网、美团网这三个中国大名鼎鼎网站的联合创始人,所以一提到他,很多人脑海里想到的一个词语就是连环创业者。他是在毕业后,没有丰富的职业经历就开始创业的大学生创业者。

王兴就是人们口中常说的那种天才少年,高中没有参加高考就被保送到清华大学,毕业后拿到全额奖学金去了美国特拉华大学,师从一位获得 MIT 计算机科学博士学位的大陆学者高光荣,随后归国就业。在两次不算成功的创业之后,王兴创立了中国版的 Facebook——校内网,并很快风靡大学校园。2006 年 10 月,校内网被千橡互动集团以 200 万美元收购。2007 年 5 月,王兴创办了饭否网,这也是中国第一个类似 Twitter 的项目,但饭否在发展势头一片良好之际被关闭,这让王兴的事业大受挫折。2010 年 3 月,王兴上线了新项目——美团网,并在千团大战中脱颖而出,稳居行业前三,先后获得红杉和阿里的两轮数千万美元的融资。

王兴身上有着深刻的危机感,他以马化腾曾经说过的一句话来自省:"可能巨人倒下的时候身体还是温暖的。"在他看来,在这个持续激烈变化的行业,美团距离破产始终只有几个月的时间。

贯穿王兴创业史总共有三项秘诀:

一是几乎所有的项目都来自美国互联网行业的先驱者,王兴和他的团队紧紧跟随着美国互联网的发展。甚至在知乎上有人提问王兴,除了把国外的东西带到国内,还做了什么? 王兴倒是不太讳言这个问题,甚至表示还看过这个帖子,他认为:"创业主要是看你给什么用户提供什么样的服务,这才是最核心的价值。至于是不是原创,可能并不重要。"王兴说泰康保险创始人陈东升曾经提过一个观念,率先模仿也是创新,陈东升也是一个连环创业者:创业内容分别为拍卖、宅急送,包括最后的泰康人寿。在王兴看来:"要承认国外确实比我们要先进,在互联网领域更是如此,确实是他们先发明了东西,然后碰到问题,再去解决用户的需求。就像现在的汽车都是四个轮子一个方向盘,不是国外做四个轮子,在中国做五个才叫创新。"

二是王兴从创业开始,核心团队几乎不变,虽然偶有分分合合,但最终还是能够走到一起。王兴认为:"创业本来是件蛮不容易的事情,最好的团队肯定是能合而不同,就是大家的技能、一些观点不会完全一致,要不然就完全重复了,但是能够和谐的为一个目标而努力。"

三是吸取曾经的创业经验。在多次创业失败后,王兴总是能在失败的过程中学习到经验和教训,并且加以改进。比如现在的 O2O 项目,在曾经的校内网做推广时,王兴的团队就曾经做过类似的业务。

知识讲解

（一）创新能力和创新思维

1. 创新能力和创新思维的概念

创新能力是技术和各种实践活动领域中不断提供具有经济价值、社会价值、生态价值的新思想、新理论、新方法和新发明的能力。当今社会的竞争，与其说是人才的竞争，不如说是人的创造力的竞争。

创新思维是指以新颖、独特的方法解决问题的思维过程。通过这种思维不仅能揭露客观事物的本质及其内部联系，而且在此基础上产生新颖、独创，具有明显社会意义的思维成果。创新思维的形式多种多样，主要有：延伸式思维、扩展式思维、联想式思维、运用式思维、逆向式思维、幻想式思维、奇异式思维、综合式思维。

2. 创新型人才的素质要求

创新型人才是具有创造力的人，一般指富于开拓性，具有创造能力，能开拓创新局面，对社会发展做出创造性贡献的人才。他们通常表现出灵活、开放、好奇的个性，具有精力充沛、坚持不懈、注意力集中、想象力丰富以及富于冒险精神等特征。创新型人才一般应具备以下素质：

（1）宝贵的创新品质

创新型人才必须是有理想、有抱负的人，具备良好的献身精神和进取意识、强烈的事业心和历史责任感等可贵的创新品质。愿意问"是什么""为什么"，具有好奇心与想象力。具备这样一种品质，才能够有为求真知、求新知而敢闯、敢试、敢冒风险的大无畏勇气，才能构成创新型人才的强大精神动力。

（2）不屈的创新意志

创新型人才具有有效利用资源、保质保量达成目标的能力，有明确的目标和行动时间表，责任感、目标感很强，为了既定的目标必须始终不懈地进行奋斗，锲而不舍，往往解决问题时能迅速利用现有资源，很少找借口，不轻言放弃，具有很强的执行力。只有具备了这样的创新意志，才能不断战胜创新活动中的种种困难，最终实现理想的创新效果。

（3）独特的创新观察

创新不仅是发现，还是突破。要实现发现和突破，就要求创新型人才必须具有敏锐的观察能力、深刻的洞察能力、见微知著的直觉能力和一触即发的灵感和顿悟,不断地将观察到的事物与已掌握的知识联系起来,发现事物之间的必然联系,及时地发现别人没有发现的东西。创新型人才的观察力同时还应当是准确的,能够入木三分,发现事物的真谛,具有善于在寻常中求不寻常的创新观察能力。

(4)超前的创新思维

创新思维是创新的基本前提,创新型人才必须具备思维方式的前瞻性、独创性、灵活性等良好思维品质,创新需要严谨的研究过程,而批判性思维是通过一定的标准评估、分析、比较证据,从而找出错误、偏差、伪装和偏见的能力。拥有这种能力,才能找到目前存在的问题,有的放矢地创新,才能保证在对事物进行分析、综合和判断时做到独辟蹊径。

(5)广博的创新知识

创新型人才既要有深厚而扎实的基础知识,又要精通自己专业并能掌握所从事学科专业的最新科学成就和发展趋势,类似我们通常说的一专多能,这类人才不仅在横向上有广博的知识面,纵向上也有较深的学问,拥有"跨领域"的本事,这样的知识结构,为多维度思考提供了可能,也就为创造力提供了可能。

(6)科学的创新实践

创新需要严谨的研究过程,是在遵循科学的前提下,依据事物的客观规律进行探索的过程。因此,创新型人才必须具有严谨而求实的工作作风,严格遵循事物的客观规律,从实际出发,以科学的态度进行创新实践。

(二)创业情感和创业动机的发觉

1. 创业者应具备的品质

(1)成就动机

动机是推动人们行动的内驱力。新创建企业的创业者对地位和权力需求很低,他们从创业的挑战和兴奋中产生个人动机。他们受获取成就的渴望而不是地位和权力的驱动。他们能清醒地认识到自身及伙伴的优缺点,以及周围影响他们的竞争因素和其他环境,对自己能做什么、不做什么保持冷静而现实的态度。清醒的认识往往和其他有价值的创业品质——洞察力和幽默感携手。保持洞察力并能"认识你自己"的优缺点可以使创业者开怀大笑,可以平息他的紧张,并且常常能化不利为有利,朝着获取更大成功的方向发展。

(2) 责任感与决策力

承担责任和富有决心是创业者具备的第一要素。有了责任承诺(承诺指对过去所做努力的坚持和决心),创业者可以克服难以想象的障碍,并且可以弥补其他缺点。创业者生活在巨大的压力之下:最初为公司求得生存,然后是使公司站稳脚跟,最后是将公司发展壮大。一家新企业需要创业者把他们的时间、情感和忠诚首先献给企业。因此,责任感与决策力通常意味着个人牺牲。衡量创业者的责任承诺有以下三个方面:是否把自己净资产的一部分投资于企业;是否愿意接受较少的薪水;在生活方式和家庭生活中是否做出较大牺牲。尽管研究表明创业者极有恒心,但他们在判断哪些能做,哪些不能做,以及从哪儿可以获得帮助以解决难题时,往往表现得非常现实。

(3) 诚实守信

做事首先是做人。诚信实际上体现了一种理想人格的道德力量和意志力量,这种力量能赢得对方的钦佩、信赖和支持。合作的前提就是讲信誉,讲信誉可以反作用于合作,使得合作更加顺利;讲信誉的双方更容易合作,合作的双方在合作后更加相信对方,双方的信誉都会得到增加。一个人拥有良好的信誉就如同拥有一笔取之不尽、用之不竭的财富宝藏,不论是你认识的还是不认识的人,他们都会尊重你,乐于和你交往,乐于和你合作。

(4) 脚踏实地

创业是一种需要全身心投入的事业,积极的态度和务实的精神才能使创业成功。在这个过程中,创业者只有积极努力、脚踏实地地去奋斗,才有可能取得创业效益。某些创业者热衷于投机取巧、钻空子,牟取暴利。的确,在社会转型期,存在大量的漏洞,提供了大量的机会,在某种情况下,抓住偶然的机会,通过灵活的手段,可以在短时间内取得较高的利润,甚至可以一本万利,一夜暴富。但把企业的发展完全寄托在投机取巧上,风险是极大的,也不可能实现企业持续稳定发展。务实永远是企业发展的主题,创业者必须建立自己的实业,建立自己过硬的"拳头"产品,取得市场和消费者实实在在的信赖和认可,这才是企业长盛不衰的重要保证。

2. 创业动机的发掘与培养

创业动机是指引起和维持个体从事创业活动,并使活动朝向某些目标的内部动力。它是鼓励和引导个体为实现创业成功而行动的内在力量。创业在很多情况下是内因和外因共同作用的结果,这里介绍一些与创业动机相关的理论和环境。

(1) 熊彼特关于精神层面的创业动机理论

① 建设私人王国;② 对胜利的热情;③ 创造的喜悦。

(2) 马斯洛的五层次需要理论

① 生理需要;② 安全需要;③ 友爱与归属的需要;④ 尊重的需要;⑤ 自我实现的需要。

(3) 创业者的心理特征

① 成就需要。一般来说,成就需求高的人,成为创业者的可能性大,一个拥有高水平成就需要的社会将产生更多更有活力的创业者,这些创业者将更快地推动经济发展。

② 风险承担倾向。几乎所有的关于创业者的定义都会提到创业者风险承担倾向,从一定程度上说,创业者实际上是不可计量的不确定性风险的承担者。

③ 控制欲。一般来说,创业者拥有较强的控制欲,统计规律证明,拥有高度控制欲的人更有可能成为成功的创业者。

(4) 创业的环境或背景因素

根据社会学习理论,个人的行为差别在很大程度上来自于在成长过程中的经历不同。创业者的成长环境和经历影响着其创业行为的发生,这些因素包括社会环境、家庭背景、受教育程度、年龄、性别等。

我们说大学生创业是适宜的创业环境与做好创业准备的大学生相结合的产物,他们创业的动机归纳起来主要有以下四种类型:

第一,生存的需要。首先,部分家庭经济困难的学生为了顺利完成学业,会利用课余时间打工赚钱来维持正常的学习和生活,在这过程中,有一部分具有创业素质的人会发现商机并且去把握它,开始走上了创业的道路。其次,当前我国高校学生中城镇生源的学生 95% 均是独生子女,家长为了培养他们的独立性,会鼓励子女从事一些需要投入时间、精力较少的行业,对经济回报要求较低的创业活动。

第二,积累的需要。一部分大学生为了丰富自己的社会阅历,增加自己的实践经验,或者为了自己以后的发展或实现自己的某个目标做好经济上的准备,在条件成熟的情况下也会利用课余时间走上创业的道路,他们往往以锻炼为目的,承受失败的能力较强,但失败和半途而废的比例也比较高。

第三，自我实现的需要。"年轻的时候就该闯一闯"的心理在现在的大学生和家长中普遍存在。心理学研究表明：25—29岁是创造力最为活跃的时期，这个年龄段的青年正处于创造能力的觉醒时期，对创新充满了渴望和憧憬。他们思维活跃、创新意识强烈，同时所受的约束较少，按照ERG理论，他们对成长的需要也更为强烈。另外，由于大学生所处的环境，他们往往更容易接触一些新的发明和学术上的新成果，或者他们中的一部分人本身拥有具有自主知识产权的科研成果。为了能早日实现自己成功的目标，他们中的一部分人改变了自己的成功观念，也开始了自己的创业生涯。

第四，就业的需要。当前，我国的大学生就业形势相当严峻，从企业来讲招不到最合适的人，从大学生来讲工资待遇达不到预期目标，再加之现代人就业观念的转变，"铁饭碗"并不一定是首选。在这种情况之下，有一部分大学生也开始了创业。

3. 产生创业动机的驱动因素

（1）社会环境

社会对创业的鼓励程度，对失败的宽容程度，往往是产生创业动机的驱动力。

（2）家庭背景

父母的职业、社会地位、出生的顺序、与父母的关系（支持程度），被认为是创业精神的影响因素。

（3）受教育程度

受教育程度高不是创立新的企业的必要条件，但是教育对创业者的作用是肯定的，尤其是当所受到教育和创业的领域有关系时，新经济时代的创业英雄大都受过良好的大学教育。

（4）经验的积累

统计规律表明创业者开始创业时的年龄在30—40岁之间，平均年龄在35岁左右。因为创业者在开办自己的企业之前，需要获得特定领域的知识和经验。年轻人拥有精力、热情和信心，中年人拥有较强的判断力、较丰富的人际关系处理技巧和与年龄相伴而来的众多的朋友和关系。

产生创业动机还有一些很现实的驱动因素，包括：为生活所迫，维持生存；为利益所驱动，发财致富；摆脱束缚，获取独立；为自己工作，追求满意的生活方式；提高能力，获取地位和成功；经纶济世，回报社会。

项目训练

(一) 训练目标

(1) 树立创新意识,要克服思维定势,摆脱从众心理。

(2) 树立突破创新意识,克服保守偏见。

(3) 打破权威枷锁,树立怀疑意识。

(二) 训练方法

(1) 如何打破思维定势? 我们试着问自己以下几个问题,来转变一下我们思维的方向:

① 该问题是否能用任何其他形式来表示?

② 当你放松地思考该问题时,大脑中会偶然出现什么想法?

③ 可否将问题颠倒过来看?

④ 可否用另外一个问题来替换?

(2) 如何改变保守的态度? 可以从两个方面作出努力:第一,改变主观观点,加大自己的认知面,从根本上理解事物本质,避免狭隘的认识;第二,改变感情偏向,或增大感情偏向,淡泊名利,心胸广阔,减少负面情绪。

(3) 如何树立怀疑意识? 首先要能正确地树立科学观,敢于向权威发起怀疑,通过积极的方式探求客观世界的奥秘,正如爱因斯坦说的"提出一个问题往往比解决一个问题更重要"。

(三) 训练内容

创业潜能的开发主要从思维上进行训练。主要分为发散思维、逆向思维、辩证思维、组合思维和逻辑思维。下面列举各种思维的训练技巧:

1. 发散思维训练方法与技巧

(1) 材料发散法:指以某个物品尽可能多的"材料"为发散点,设想它的多种用途。

(2) 功能发散法:指从某事物的功能出发,构想出获得该功能的各种可能性。

（3）结构发散法：指以某事物的结构为发散点，设想出利用该结构的各种可能性。

（4）形态发散法：指以事物的形态为发散点，设想出利用某种形态的各种可能性。

（5）组合发散法：指以某事物为发散点，尽可能多地把它与别的事物组合成新事物。

（6）方法发散法：指以某种方法为发散点，设想出利用方法的各种可能性。

（7）因果发散法：指以某个事物发展的结果为发散点，推测出造成该结果的各种原因，或者由原因推测出可能产生的各种结果。

（8）推测发散法：指假设的问题不论是否为任意选取的，所涉及的都应当是与事实相反的情况，是暂时不可能的或是现实不存在的事物对象和状态。

（9）集体发散思维：发散思维不仅需要用上我们自己的全部大脑，有时候还需用上我们身边的无限资源，集思广益。集体发散思维可以采取不同的形式，比如我们常常戏称的"诸葛亮会"。在设计方面，我们通常要采用的"头脑风暴"，每个人可能性地说出自己的想法，只要自己能说通，都可以被大家认同，而且被采纳，最后总结出结论。这个方法也叫做头脑风暴法。

2. 逆向思维的训练方法与技巧

（1）反转型逆向思维法：这种方法是指从已知事物的相反方向进行思考，产生发明构思的途径。

（2）转换型逆向思维法：指在研究一问题时，由于解决该问题的手段受阻，而转换成另一种手段，或转换角度思考，以使问题顺利解决的思维方法。

（3）缺点型逆向思维法：这是一种利用事物的缺点，将缺点变为可利用的东西，化被动为主动，化不利为有利的思维发明方法。这种方法并不以克服事物的缺点为目的，相反地，它是化弊为利，找到解决方法。

3. 辩证思维的训练方法与技巧

（1）归纳与演绎统一。在辩证思维过程中，归纳与演绎统一的方法是指将从个别性知识概括出一般性知识，与运用一般性原理去说明个别性知识这两个方面统一起来，并全面把握归纳与演绎相互依存、相互渗透与相互转化的对立统一关系的思维方法。

（2）分析与综合。分析是把事物分解为各个部分、方面、要素，然后逐个加以研究的思维方法。综合是在把整体分解为各个部分、方面、要素的基础上，再把它们组合成一个整体的思维方法。分析与综合的关系是辩证的,分析是综合的基础,而综合是分析的完成,只有把二者结合在一起,才能构成一个完整的科学的认识。

(3)抽象与具体。抽象作为一种思维方法,是指在思维中把对象的某种属性、因素抽取出来而暂时舍弃其他属性、因素的一种方法。具体是多种规定的综合。有两种具体:一是感性具体,它是感觉多样性的综合,是感官能直接感觉到的具体;二是理性具体即思维具体,它是在抽象的基础上形成的各种规定性的综合,是具体在思维中更深刻的再现。

(4)逻辑与历史相统一。逻辑与历史相统一,指理论体系的逻辑顺序是客观历史发展顺序的反映。逻辑与历史之所以能够统一,是因为历史是逻辑的基础,逻辑是历史在理论上的再现,是由历史的东西派生出来的。历史是逻辑的基础,逻辑是对历史的修正。

4. 组合思维的训练方法与技巧

(1)主体附加法:指以某一特定的对象为主体,通过置换或插入其他技术或增加新的附件而使发明或创新诞生的方法。

(2)焦点法:指以一预定事物为中心、为焦点,依次与罗列的各元素一一构成联想点的方法。

(3)形态分析法:指通过对研究对象相关形态要素的分裂和重新组合,全面寻求各种解决问题方案的方法。

5. 逻辑思维的训练方法与技巧

(1)逻辑推理法:它就是由一般性前提到个别性结论的逻辑推理。按照一定的目标,运用所得知识取得新颖性结论的过程,就是逻辑推理法。

(2)逻辑综合法:逻辑是把事物分解为各个属性、部分和方面,对它们分别研究和表述的思维方法。综合是把分解开来的各个属性、部分和方面再综合起来进行研究和表述的思维方法。

总结思考

(1)你认为创新型人才的素质要求是什么?

(2)请说出一名成功的创业者,最应该具备的品质是什么? 为什么?

(3)你如何使用逆向思维来解决生活中的一些常见问题? 请举例。

拓展应用

〖小测试〗　创新能力和创新思维的测评

你的左脑处理分析性思维:逻辑、理性、线性、数量、精度。你工作的许多方面都需要用到分析性思维:立项、准备预算、学习流程、解决问题、研究选择、做出决定。

你的右脑处理创造性思维:扩展、想象、直觉、空间解析、艺术效果。无论何时,只要你想出新主意或者创造全新的产品、流程、形式、程序或计划(或者至少拥有你之前从未有过的任何想法),你都会利用你的右脑。

这个自我评估练习会帮你快速衡量你的创造力。这里有 4 个问题,每个都有时间限制。我们建议你找一个定时器、闹钟或手表记录时间。你也可以请别人为你计时。

在完成每个练习时,先阅读指示,然后立即开始计时。

(1)请你写出所能想到的带有"木"结构的字,越多越好。(3 分钟)

(2)尽可能想象"○"和什么东西相似或相近?(3 分钟)

(3)写出与下列事例相类似的事物(每小题至少 4 个)(5 分钟)

闸门可以控制水流

剪刀能够分割布

洗洁精能够清除油垢

雪可以掩盖足迹

(4)用 5 个关键词编故事,看看谁的思维最发散。(10 分钟)

规则:所编故事一定要用到所有关键词,无先后次序,长短不限,看看谁编得最好。

关键词:古怪　台风　一棵树　杂货店　天使

第二章

激发创新思维

第一节　创新能力训练

一、发现问题的能力

典型案例

　　美心防盗门是我国防盗门行业排名靠前的品牌,可该品牌是如何发展成为一个大品牌的,多数人并不知晓。1989 年的重庆,夏明宪开着一个小小的五金杂货铺,忽然间他发现来买水管接头的客户越来越多,他觉得很奇怪、不理解,四处打听后他发现原来是一些比较富有的山城人,为了保证人身和财产安全,买水管接头焊接起来做成铁门防盗。夏明宪发现这个秘密后,意识到自己发家致富的商机来了,于是他租了一个废置的防空洞,买来所需的工具,刨、锯、焊、磨开始制作防盗铁门。没过多久,他做出了 20 多扇,赚了一大笔钱,挖得了人生第一桶金。后来他越做越大,不断发展,创立了今时今日的美心防盗门。

知识讲解

　　从上述案例不难看出,夏明宪之所以能够发家致富是因为他有发现问题和解决问题的能力。问题是客观存在的,是工作中需要解决的突出矛盾,解决矛盾和问题的重要因素有两点:一是发现问题的能力;二是对待问题的心态。只有把握好这两个因素,才能轻车熟路地解决问题,获得能力的提升。

项目训练

训练目标 1:问题情境培养学生发现问题的意识。

训练要求:设置较为复杂的教学情境引导学生发现问题。

训练内容:学者佩蒂托和邓巴研究提出抑制性知识建构的观点,即学生学习的新概念或者是新知识与处世认识的知识保持一致时,新知识容易被学生接纳并与原有知识进行合理整合;反之,新概念或者是新知识将较为困难被学生接纳和整合进原有知识结构中去。因此,在教学时应该设置较为复杂和困难的教学情境,引导学生,促发学生知识迁移能力,培养学生发现问题的能力。

训练目标 2:培养学生优化、优选问题的能力。

训练要求:引导学生对问题进行深思熟虑,深度解剖,提出有价值的问题。

训练内容:

首先,只有学生对问题进行深度剖析,才会促发自己发现问题的能力,并在思考过程中充分调动自我原有知识,解析问题的本质特征,让自己成为"思想"者。

其次,学生在学习的过程中常常会生发各种各样的问题,在生发问题后,应该对问题进行解剖,即"是什么"和"为什么",是宏观问题或微观问题;是可以充分解决或解决不了等。只有这样,才能培养学生优化、优选问题的能力。

总结思考

以上两大类型问题教学,一方面从核心知识角度构建中心问题,以此为基础而深化知识,加深对问题的理解,形成深度问题,引领学生对知识的深层次理解;另一面引导学生不断对预设性问题的生成性理解,形成生成性问题,引领学生对事物的理解。在对知识内部的深化性理解与知识建构过程的生成性理解基础上,引导学生进行创新性理解,形成研究性问题。

二、流畅的思维能力

典型案例

2007 年 8 月,国内某大型综合网站发布消息,称亿聚网以 200 万元人民币收购华南理工大学计算机软件学院许少煌同学的创业项目"007OS.com"。许少煌及其团队于2006年开始着手设计"007OS",着力研发我国首个基于社会性网络的WEBOS(网络操作系统)。出生在潮州一个普通家庭的许少煌初中接触并迷上了编程,当时在浏览并研究了大量国内外互联网站后,发现国内一直都没有为社会普通网民服务的网络操作系统。

虽然许少煌目前可以说取得了成功,但他认为:"虽然我平常对技术方面涉猎广泛,但作为一名在校大学生,基础课程的学习十分重要。我赞成要在学好专业课的前提下再去做自己有兴趣、擅长的东西。创业如果只是一味跟风,那势必无法和资金人才条件更为成熟的大公司竞争!大学生创业首先要从自身优势和兴趣出发,最重要的是必须有技术上的前瞻性或思路的创新。另外要有坚定的信念,要坚持自己的方向,心猿意马的人是不可能成功的!"

知识讲解

思维,是一个通过对事情本身进行分析、综合、概括、抽象、比较、具体化和系统化等思考的过程,思维能力即对感性材料进行加工并转化为理性认识及解决问题的一种能力。思维能力的提升需要注重学生的创造性、系统性、深刻性、敏捷性和灵活性的培养。

项目训练

训练目标:引导学生强化思维能力,拓展思维方式。

训练要求:以脑筋急转弯的训练方法对学生的思维能力进行强化训练。

训练内容:在某国的城市街道交叉口上,有一条明文规定,有步行者横过公路时,车辆就应停在人行道前等待,可是偏偏有一个汽车司机,当交叉路口上还有很多人横过马路时,他却突然撞进人群中,全速前进。这时,旁边的警察看了也当没事发生一样,请问这是为什么?

总结思考

总之,当你遇到某些难题难以解决的时候,总会需要找到突破口,比如逆向思维、对比思维等,这些突破口的过程,本身就是一场思维更新。

三、变通的能力

近年来,我国有许多创业公司获得了飞速的成长,发展迅猛,其中"美特斯邦威"和"谭木匠"以其独特的商业运营模式俨然成为佼佼者。

1995年,周成建创办美特斯邦威,在产品定位时,他迎合年轻消费者,不走寻常路,定位年轻时尚品牌。周成建精心营造品牌形象,重金聘请偶像艺人作为品牌形象代言人,根据市场需求聘请国际顶尖设计师,设计迎合市场需求的休闲服饰,最特别的是,他采取特许连锁经营的方式,在全国范围内招募品牌加盟商,勾勒出"共担风险,实现双赢"的使命和愿景,使企业迅速发展壮大。

谭传华在创办谭木匠时,在产品上,他精雕细琢,做工考究,赋予产品十足的中国传统文化韵味;在经营上,他通过虚拟经营的方式在全国范围内特许500多家加盟商,利用外部资源,实现建立覆盖全国的销售渠道目标,成为了该行业的佼佼者。

通过以上两个案例,"美特斯邦威"和"谭木匠"能够迅速获得成功是因为创业者合理地运用了虚拟经营的发展理论,将理论赋予企业经营中去,利用外部资源,整合有限资金投入到关键环节,高效地培育了品牌形象和核心竞争力。

知识讲解

中国人做事奉行一句话:"穷则变,变则通,通则久。"一个只会墨守成规、直来直去、不通晓变通之法的人,是无法赢得别人的认可和尊重的;只有做事机智灵活、知晓变通的人,才能适当改变自己的准则,适时地"见风使舵",方可在奋斗的路上另辟蹊径,不断地取得成功,最后赢得他人的信任和尊重。

变通之法,既是做人的诀窍,也是做事的诀窍。风风雨雨才是精彩,无风无雨不是人生。风雨兼程中,适时地方圆变换,才能通往金色的殿堂之巅,那么,我们该如何提升自己的变通能力呢?

项目训练

训练目标:培养学生在特殊情况的灵活处置变通的能力。

训练要求:

(1)通过设置特殊场景、模拟紧急情况,让学生在实战中掌握变通能力。

(2)通过典型案例、专家讲座让学生熟练掌握变通的方法。

训练内容:假如你在创业的前期调研中,已经确定创业的项目并已投入部分资金,但发现市场已经出现类似产品,且相关质量和服务比你的项目好,你该如何处理?

总结思考

变通思维是人非常重要的思维方式之一,当前世界发展日新月异,新技术、新模式、新业态方兴未艾,要用发展的眼光看待问题,遇到问题要沉着冷静,对症下药,精准施策,灵活应变,方能立于不败之地。聪明的人总是让自己从旧的观念里走出来,他们深知变通思维的重要,懂得改变一贯的规则去自我突破,把握机会做个识时务的俊杰,顺应时势而成为英雄。正如萧伯纳所说:"明智的人使自己适应世界,而不明智的人只会坚持要世界适应自己。"须知,变通才是永恒的生存法则。

四、独立创新的能力

典型案例

20 世纪 70 年代身为哈佛大学学生的盖茨和保罗经过两个月通宵达旦的心血和智慧产生了世界上第一台微型计算机——MITS Altair 的 BASIC 编程语言,随后 19 岁的盖茨从哈佛大学退学,正式创立微软公司 Micro-soft,1979 年盖茨将公司迁往西雅图,并将公司名称从"Micro-soft"改为"Microsoft"。1980 年是微软发展史上一个重要的转折点,IBM 成了微软个人电脑作业系统 PC-DOS 的第一个授权使用者,奠定了微软在电脑软件市场上不容忽视的地位。

比尔·盖茨凭借着自己独特的创新能力,坚信着个人电脑未来的发展前景,锲而不舍,不断创新,成为了全球首富。

知识讲解

　　独立创新是自我研究、综合开发的一个过程,是不拘一格,敢于推陈出新,不墨守成规的,是依靠自身力量进行科学研究,攻克技术难点,获取新的产品,并完成科学技术成果商业化运营的一个过程,故创新成果往往具有首创性。

项目训练

　　训练目标:引领学生独立创新的意识,不拘一格,注重首创性。
　　训练要求:要求学生们独立判断、独立操作、独立思考。
　　训练内容:
　　(1)总结前人经验与教训,加强与前辈、学者之间的交流从中提取有效信息。
　　(2)在创新能力的培养过程中,学生需要不断总结经验教训,从失败中总结自己的不足之处,并加以改正,多次尝试,才能获得成功。
　　(3)在培养能力的过程中,学生需要不断地学习、借鉴他人的成功之处,总结自己与别人的差距所在,将自己的优势与别人的优势进行有效组合,互相取长补短,创造出有价值的成果。
　　(4)对于创新能力的培养,我们需要坚持不懈,持之以恒。不要因为一时的成败而放弃自己的灵感和想法,要不断思考,不断尝试,持之以恒。同时我们也不能单纯地为了创新而创新,要系统化地规划整件事情,一旦有相关想法立即记录,坚持不懈,方能产生不同的思路方法和路径。

总结思考

　　培养创新能力必须坚持思维的相对独立性,这是创造性思维的必备前提,提高创新思维能力必须在实践中独立地发现问题,独立地思考问题,在独辟蹊径中找到解决问题的有限方法。独立创新能力的提高,需要在熟练掌握基本知识和技能的基础上,做生活的有心人,从一点一滴的细节中,培养强烈的责任感、事业心和创新意识,培养对现有成果的忧患意识,培养坚持不懈、持之以恒的精神等,只有这样,我们才能高效、有序地培养自己的独立创新能力。

五、制订方案的能力

典型案例

在"大众创业、万众创新"的背景下，大学生小田偶然一次机会发现学校外卖行业利润丰厚，于是乎向家里借了 2 万元，在学校附近开了一家快餐店，专门为时间宝贵的考研、考公、考编学生提供送餐服务，有用餐需求的学生只需在 APP 上下单，快餐店就能及时响应，迅速配餐。由于经营方案的独特性优势以及学校地理环境的天然优势，小田的快餐店生意很快开始蒸蒸日上，每月都有小一万的纯利润，收获颇丰。

知识讲解

项目计划方案就是为了完成某项特殊任务或目标而制定的，具有可行性、可操作性、可延续性特点的计划和方法。方案的制定要求：一要注重可行性，要能将方案落地并进行下去；二要注重可持续性，要能将方案的制定进行较为长期的执行；三要在达到目标的基础上，尽量节省成本，扩大销售渠道，尽量少花钱，多办事。

项目训练

训练目标：引导学生为完成任务设计制定具有可行性的方案。

训练要求：方案的制定主要有两部分构成：一是需要进行前期有针对性的调研，了解现状，分析思考，寻找突破口；二是需要将思考的结果形成纸质文字，便于讨论、修改和存档。

训练内容：请根据我校学生出早操的现状，制定一个切实可行的学生出早操方案。

总结思考

对于一个好的方案来说，前期充分的调研是必不可少的，只有把调研做好了,才能知道现状有什么问题,针对具体问题提出具体的、可操作性的、可行的方案,对症下药,解决问题。

六、评价的能力

典型案例

很多大公司在创业之初,形成规模之际,需要大量的人员进行市场开拓和业务咨询,但随着企业进一步的发展,人员工资成本过于庞大,员工工作不积极等问题日益显现,故很多公司将裁员计划提上了会议日程。但是,裁减哪些人,裁减员工的标准俨然成为管理者头疼的事情。

知识讲解

评价能力是比较复杂的一种技能,包括获得信息和分析信息。

项目训练

训练目标:培养学生信息获取及分析判断的能力。

训练要求:裁员过程要掌握八大原则,即常规化原则、依法操作原则、先易后难原则、统一标准原则、借力原则、多管齐下原则、有所不裁和优先保留原则、洗脑原则。

训练内容:老黄编程公司在创业之初招聘了大量的市场开拓人员,但随着公司经营状况不佳,需要进行裁员,请根据公司特点制定一个有效的裁员计划。

总结思考

现代人才测评技术的发展和逐步成熟为能力管理实现提供了可操作性的手段。人才测评是针对人的比较稳定的能力和个性特征进行系统的、客观的评估过程,它经常综合运用结构化面试心理测试和情景模拟等工具。科学合理的人才评价机制,不仅可以有效引导员工的工作行为,给员工提供了自我提升的方向,而且可以提高企业的运转效率,加快企业的发展,创造更多的经济效益。

拓展应用

(1) 你从哪些方面评价一个人? 如何确保评价的准确性?

(2) 假如你是一个公司的管理人员,怎么制定员工的绩效考核?

(3) 网上购物和实体店购物,你更喜欢哪个? 为什么?

第二节　创新方法训练

一、头脑风暴法

典型案例

有一年,美国北方大跨度的电线厂被积雪压断,电信公司管理者对此一筹莫展。经理奥斯本召开了座谈会,会议参加者均为不同专业的技术人员,会上技术专家们提出各种各样的建议,有人提出设计一种专用的电线清雪机;有人想到用电热来化解冰雪等,不到一小时,90多条方案被提出。经过试验,发现用直升机扇雪能奏效,一个久悬未决的难题,终于在头脑风暴会中得到了巧妙的解决。

知识讲解

当一群人围绕一个特定的兴趣领域产生新观点的时候,这种情境就叫做头脑风暴。头脑风暴的特点是没有拘束原则,自由思考,展开想象,其可分为直接头脑风暴法和质疑头脑风暴法。

项目训练

训练目标:了解头脑风暴法的定义、内涵,掌握头脑风暴法的应用场景。

训练要求:引导学生掌握头脑风暴组织形式、会议内容、前期准备、原则等。

训练内容:

(1) 改变常规思维,做出相反动作或倒念某句话。

(2) 不要追求正确答案,答案可以多样新奇。

(3) 小组讨论后可给予评价补充。

总结思考

与独立工作的个人相比,团队的头脑风暴可能对产生全新的原创想法不太有用。然而,头脑风暴对于创新过程的价值不仅仅体现在提出新想法上,头脑风暴的目的是你在短时间内得到大量的想法、潜在的解决方案,而不是解决方案本身,通过思维想法的转变,培养灵活性,不要墨守成规,不盲从,敢于发起挑战。

拓展应用

收集有关训练的题目,同学之间互相提问、探讨和学习。例如:一张 30 厘米的纸张上如何画 1 米高的人物。

二、形态分析法

典型案例

第二次世界大战期间,美国情报部门监听到法西斯德国正在秘密研制一种新型巡航导弹,却难以获得相关技术情报。然而,火箭专家兹维基博士运用"形态分析"的方法,在对问题进行系统分析和综合的基础上,用网络方式集合各因素设想可能产生的结果,轻而易举地搜索出法西斯德国正在研制带脉冲发动机的巡航导弹。

知识讲解

形态分析法是技术预测方法之一,是系统地探寻生产某种产品的新技术方案的方法。所谓形态在技术预测中指的是产品的零部件。主要的步骤为：

（1）把产品分解成若干零部件。

（2）找出每种零部件的所有可行生产技术。

（3）列出所有零部件的所有可行技术的可能组合。

（4）对可能组合进行分析和评估，从中找出可行组合。

项目训练

训练目标：了解形态分析法的定义、内涵，掌握头脑风暴法的应用场景。

训练要求：引导学生掌握形态分析法的步骤和主要特点等。

训练内容：运用形态学来分析新型单缸洗衣机的研发。

（1）先确定总体功能，再进行功能分解，得到若干分功能，即洗衣机的基本构成因素。

（2）确定技术手段，进行信息检索，探索技术手段或方法，对新方法进行实验，了解其适用性。在三种分功能中，"洗涤去污"是最核心的一项，确定其所有可能形态时，要发散思考，从机、电、热等多个技术领域去寻找具有此功能的技术手段。

总结思考

用形态分析进行新品策划，具有系统求解的特点。只要能把现有科技成果提供的技术手段全部罗列，就可以把现存的可能方案"一网打尽"，这是形态分析方法的突出优点。但同时也为此法的应用带来了操作上的困难，突出的表现是如何在数目庞大的组合中筛选出可行的新品方案。如果选择不当，就可能使组合过程的辛苦付之东流。因此，在运用形态分析过程中要注意把好技术要素分析和技术手段的确定这两道关，应着重从其应具备的基本功能入手，对次要的辅助功能暂可忽视。在寻找实现功能要求的技术手段时，要按应用形态分析进行产品策划，具有系统求解的特点。形态分析法以全面思维为指导进行周全考虑，对产品的主要构成要素及其各种形态进行分析和列举，不断形态组合，罗列全部方案，找出符合要求的设想。

三、信息交合法

典型案例

一把巨大的吉他漂在海上一定能够引起人们的围观。澳大利亚歌手 Josh Pyke 制作了一艘吉他外形的小船为自己的新歌做宣传，并将它停泊在澳大利亚的悉尼港，相信这种创意会起到不错的宣传效果。

知识讲解

信息交合法可以称为"要素标的发明法"，或称为"信息反应场法"，是一种在信息交合中进行创新思维的方法。即把物体的总体信息分解成若干个要素，然后把这种物体与人类各种实践活动相关的用途进行要素分解，把两种信息要素用坐标法连成信息标成 X 轴与 Y 轴，两轴垂直相交，构成"信息反应场"，每个轴上各点的信息可以依次与另一轴上的信息交合，从而产生新的信息。

信息交合法不是随心所欲，瞎拼乱凑的，要遵循一定的原则，即：整体分解原则、信息交合原则和结晶筛选原则。

项目训练

训练目标：引领学生对不同信息进行分析、加工、组合的能力。

训练内容：在申论考试的资料阅读、资料归纳、主题概括阶段运用信息交合法答题。

训练要求：

（1）整体分解。依据主题把资料进行分解，逐步信息检索，并按照资料性质、理论层次、方法意义等分解出所需信息元素。

（2）信息交合。在分解出的信息元素之间进行"本体性的信息交合"，通过这些信息交合，探求出解决方法。

（3）筛选结晶。对信息交合的结晶进行筛选，筛选出一种或几种最有效的方法。

总结思考

　　信息交合法是一种运用信息概念和灵活的手法进行多渠道、多层次的推测、想象和创新的创造性发明技法。应用它进行创造发明,把某些看来似乎是孤立、零散的信息,通过相似、接近、因果、对比等联想手段搭起微妙的桥,使之曲径通幽,将信息交合成一项新的概括。它有自己独特的特点,不但能使人们的思维更富有发散性,应用范围也十分广泛,而且这种方法能够有助于人们在发明创造活动中,不断地强化理性的、逻辑的思维能力的培养,同时,在创造思维、创造教育中,作为培训方法,显得更深刻并具有系统性和实用性。

拓展应用

　　某人有过这样一次经历:他乘坐的船驶到海上后就慢慢地沉下去了,但是,船上所有的乘客都很镇静,既没有人去穿救生衣,也没有人跳海逃命,却眼睁睁地看着这条船全部沉没。这里究竟发生了什么事呢?

四、组合创造法

典型案例

　　坦克的发明最早是在拖拉机上安装火炮,为突破由堑壕、铁丝网、机枪火力点组成的防御阵地。英国政府利用汽车、拖拉机、枪炮制造和冶金技术生产了Ⅰ型坦克,并投入索姆河战役。当时为了保密,英国将这种新式武器说成是为前线送水的"水箱"(英文"tank")。结果这一名称被沿用至今,"坦克"就是这个单词的音译。

知识讲解

　　组合创造法又称理想组合,是指将多种因素通过建立某种关系组合在一起从而形成组合优势的方法。常用的组合创造法有主体附加法、同类组合法、异类组合法、重组组合法。

项目训练

训练目标:引导学生培养针对不同要素进行组合,重新建立某种关系的能力。

训练要求:对诸多元素进行分析、判断,对信息进行重新组合,建立新优势。

训练内容:请同学选择几件日用品,分别用同类组合、异类组合和主体附加进行强制组合,看看能否有新发现。

总结思考

组合创新是很重要的创新方法。有一部分创造学研究者甚至认为,所谓创新就是人们认为不能组合在一起的东西组合到一起。日本创造学家菊池诚博士说过:"我认为搞发明有两条路,第一条是全新的发现,第二条是把已知其原理的事实进行组合。"近年来也有人曾经预言,"组合"代表着技术发展的趋势。世界上没有完美的东西,所以给我们留下了创造的空间,运用组合创造法时,要大胆想象,敢于尝试。只有想不到的,没有做不到的。

拓展应用

(1)上网查询什么是"米格-25效应"? 了解它在生活中的应用。

(2)上网查找相关例子在军事、医疗、航天等方面的应用。

五、旧物列举改进法

典型案例

台商为了拓展大陆市场,在快餐业上寻求发展机会,决定研发新口味方便面来满足大陆消费者的需要,他们采用了"最原始的试吃方式"来研究"康师傅"的配料和制作工艺,直到有千人吃过,他们才将"康师傅"的"大陆风味"确定下来。

知识讲解

列举法易于掌握、应用范围广,人们常用特性列举法和缺点列举法进行老产品的改进,用希望点列举法和成对列举法开发旧物列举改进法,即在现有的产品基础上,运用列举法进行改进的方法。

项目训练

训练目标:引导学生通过列举旧物,对旧物进行改进培养旧物列举改进法。

训练要求:通过选取有应用价值的旧物进行改进,重组。

训练内容:

挑选具有较好社会应用价值的物品作为改进列举的对象,每人提供一张纸和笔。首先,写出物品的功能和特征,即其作用有哪些;然后,写出物品的不足;其次,写出物品被希望具有的特征或功能,以寻找新的发明目标;最后,归纳和评估。

总结思考

列举法易于掌握、应用范围广,人们常用特性列举法和缺点列举法进行老产品的改进,用希望点列举法和成对列举法开发新产品。列举法对于创造的有效性不只是由于使用了分析列举,还因为运用了组合、替代、综合等方式。成功地使用列举法,需要思维流畅、精确、灵活、独特。一般来说,要解决的问题越小、越简单,特性列举法就容易获得成功。运用旧物列举改进法时一定要注意最后的归纳总结,便于发现新特征。

六、类比推理法

典型案例

古登堡居住在德国著名的葡萄酒酿造城市美因茨,当地的葡萄酒制造者采用一种手动操作的垂直螺旋压榨机,成规模地榨取葡萄汁。这项技术既节省劳动力成本,又可以大大提高生产效率。同样,当地造纸者也使用螺旋压榨机挤压浸泡后的亚麻、大麻、棉花里的水。古登堡脑海中灵光一闪,他想象着,不是把液体从纸里压出来,而是把墨水压进去。这就为他发明铅活字印刷埋下了创新的种子。

知识讲解

类比推理指根据两个或两类对象在某些属性上相同,推断出它们在另外的属性上也相同的一种推理。

项目训练

训练目标:引导学生学会类比推理的方法。

训练要求:选取两个事物某些属性相同的判断,推出属性相同的结论。

训练内容:发明和设计——新式的桥

首先,寻找什么动物和植物会架桥,分析架桥方法;然后,用对立矛盾的词来形容这一过程;其次,选择其中一组词,产生联想;最后,在词语与具体事物之间的不断类比中找到灵感,发明一种新桥梁,不断修改完善。

总结思考

类比推理的本质是抓住两个事物的相似性,加以比较和联想的一种创新的思维方式。在科学研究中具有开拓思路、提供线索、举一反三、触类旁通的作用。正如康德所说:"每当理智缺乏可靠的论证思路时,类比这个方法往往指引我们前进。"科学史上很多著名的发现是借助于类比推理而获得的。

拓展应用

(1) 如何通过类比推理进行思维创新?

(2) 美国一家制糖公司,每次往南美洲运方糖,糖都受潮,损失很大。一位工人受到轮船通风洞的启发,建议在方糖包装盒的角落里戳个针孔使之通风,以达到防潮的目的。钻小孔还能用在哪儿呢?

第三节　创新思维训练

一、常见思维障碍概述

🖋 典型案例

据说,美军 1910 年的一次部队的命令传递是这样的:营长对值班军官: "明晚 8 点钟左右,哈雷彗星将可能在这个地区看到,这种彗星每隔 76 年才能 看到一次。命令所有士兵着野战服在操场上集合,我将向他们解释这一罕见 的现象。如果下雨的话,就在礼堂集合,我为他们放一部有关彗星的影片。"值 班军官对连长:"根据营长的命令,明晚 8 点钟哈雷彗星将在操场上空出现。 这种彗星每隔 76 年才能看到一次。如果下雨的话,就让士兵穿着野战服列队 前往礼堂,这一罕见的现象将在那里出现。"连长对排长:"根据营长的命令,明 晚 8 点,非凡的哈雷彗星将身穿野战服在礼堂中出现。如果操场上下雨,营长 将下达另一个命令,这种命令每隔 76 年才会出现一次。"排长对班长:"明晚 8 点,营长将带着哈雷彗星在礼堂中出现,这是每隔 76 年才有的事。如果下雨 的话,营长将命令彗星身穿野战服到操场上去。"班长对士兵:"在明晚 8 点下 雨的时候,著名的 76 岁的哈雷将军将在营长的陪同下身着野战服,开着他那 "彗星"牌汽车,经过操场前往礼堂。"

🖋 知识讲解

常见的思维障碍有:① 习惯性思维障碍,又称思维定式;② 直线性思维障 碍;③ 权威性思维障碍;④ 从众性思维障碍;⑤ 书本性思维障碍;⑥ 自我中心 性思维障碍;⑦ 自卑性思维障碍;⑧ 麻木性思维障碍。

🖋 项目训练

训练目标:通过专题讨论的方式,引导学生知晓常见的思维障碍。
训练要求:要求学生讨论时要充分思考,通过列举论据对论点进行积极讨论。

训练内容：

首先，将学员分为 A、B 两组，每组 5—8 人，其中一组质疑"人必有死"，另一组质疑"司马光砸缸"，先由 A 组对上述问题展开质疑，由 B 组对 A 组学员质疑的创新性进行打分评价。然后，由 B 组质疑 A 组学员提出质疑的理由。

总结思考

（1）如何会出现思维障碍？
（2）如何克服思维障碍？

拓展应用

日本东京银座有个绅士西装店销售的商品是"日本 GOOD"。他采用了每天不同折扣的销售方案，第一天打 9 折，第二天打 8 折，第三天、第四天打 7 折……第十四天打 2 折，最后两天打 1 折。

由于销售策略不同，前期宣传效果很好，顾客们抱着猎奇的心态蜂拥而至。当然顾客可以在打折销售期间随意选定购物的日子，如果你想要以最便宜的价钱购买，那么你在最后的那两天去买就行了，但是你想买的东西不一定会留到最后那两天。

想一想你会哪天去买想要的东西？

二、收敛与逆向思维培养

典型案例

一位商人向哈桑借了 2 000 元，并且写了借据。在还钱的期限快到的时候，哈桑突然发现借据丢了，这使他焦急万分，因为他知道，丢失了借据，向他借钱的这个人是会赖账的。哈桑的朋友纳斯列金知道此事后对哈桑说："你给这个商人写封信过去，要他到时候把向你借的 2 500 元还给你。"哈桑听了迷惑不解："我丢失了借据，要他还 2 000 元都成问题，怎么还能向他要 2 500 呢？"

尽管哈桑没想通,但还是照办了。信寄出以后,哈桑很快收到了回信,借钱的商人在信上写道:"我向你借的是 2 000 元,不是 2 500 元,到时候就还你。"

知识讲解

收敛思维又称"聚合思维",是让思维始终集中于同一方向,条理化、逻辑化、规律化。收敛思维与发散思维是对立的统一,具有互补性。收敛思维具有以下特点:封闭性、连续性、求实性和聚焦性。表现形式有以下几种:目标确定法、求同思维法和求异思维法。

逆向思维,也称求异思维,它是对司空见惯的似乎已成定论的事物或观点反过来思考的一种思维方式,具有普遍性、新颖性、批判性、异常性、反向性等特点。

逆向思维的表现形式:原理思维、功能逆向、结构逆向、属性逆向、程序逆向或方向逆向、观念逆向。

项目训练

训练目标:让学生在训练中达到对金钱的正确认识。

训练要求:充分利用收敛与逆向思维的特点对论点进行讨论。

训练内容:

组织一场辩论赛,让学生对"金钱是万能的"进行辩论,学生分析论点,找出论据,教师汇总要点,进行总结。

总结思考

发散思维和收敛思维是人类思维结构中求异与求同的两个方面,在实际思维活动中,二者互为前提,彼此沟通,相互促进,相互转化。发散思维要以收敛思维的已有成果为基础,并依赖收敛思维形成一个集中的思维指向和思维力量而获得具体思维成果。收敛思维以发散思维为前提,否则成为无对象的收敛或造成思维的保守、封闭与停滞。在不同思维活动中,二者各有侧重。一般地,创造性思维偏重于发散思维,批判性思维偏重于收敛思维。发散思维和收敛思维是学生重要的思维方式之一,在教学培养中要重视这两种思维的培养,才能较好地促进学生思维的发展,提高学习能力,为培养高素质人才打下坚实的基础。

拓展应用

(1) 请说出家中既发光又发热的东西。找出它们的共同点。

(2) 请写出海水与江水的共同之处,越多越好。

三、辩证与逻辑思维培养

典型案例

澳大利亚公交司机因不满公司的待遇,与资方谈判不成要举行罢工,但又担心影响民众的正常出行引起民愤,一旦造成这种局面,不但利益争取不到,还极有可能弄个里外不是人。工会的领导者运用了辩证逻辑思维法,发明了一种与通常相反的"积极罢工"方式,他们照常出车,而且对乘客热情服务。但是不收取乘客的车费,高兴的乘客奔走相告。司机们既在罢工,又在工作岗位上。哭都来不及的却是资方,运营成本一分不少,车钱一份也收不上来,不得不退让求和。

知识讲解

辩证思维是人们通过概念判断、推理等思维形式对客观事物辩证发展过程的正确反映。辩证思想通常包括个性和共性、绝对与相对、事实与现象、内容与形式,原因与结果、必然与偶然、可能与现实、全局和局部、具体与抽象、有限与无限、量变与质变等。

项目训练

训练目标:引领学生利用辩证逻辑思维对不同观点进行分析。

训练要求:利用辩证逻辑思维对问题进行全面考虑。

训练内容:

（1）在过去的 12 个月中，某市新能源电动汽车的销售量明显上升。与之相伴随的是，电视、网络等媒体对新能源电动汽车的各种报道也越来越多。于是，有电动车销售商认为，新能源电动汽车销售量的提高主要得益于日益增多的媒体报道所起的宣传作用。以下哪项如果为真，最能削弱该电动车销售商的观点？

A. 对新能源电动汽车进行报道的人中有不少是环保人士，他们喜欢宣传电动汽车。

B. 有些消费者因为传统汽车摇号的中签率低而购买新能源电动汽车。

C. 个别消费者购买新能源电动汽车，是因为能够获得政府补贴。

D. 看过关于新能源电动汽车报道的人，几乎都不购买该类型汽车。

（2）张女士特别爱美，多年来喜欢在冬天穿裙子以显示她婀娜多姿的身材。从去年冬天起，每到阴冷天，她都感觉到膝关节疼痛。后经医生诊断，她得了关节炎。于是张女士认为，阴冷天穿得少是导致关节炎的原因。以下哪项如果为真，最能质疑张女士的观点？

A. 日本一些年轻女士喜欢冬天穿裙子，却并没有因为阴冷天穿得少而患上关节炎。

B. 现代医学研究表明导致关节炎的根本原因是劳损、感染或创伤，阴冷天穿得少关节炎易发作。

C. 张女士的姐姐和她生活在一个城市，多年来也喜欢在冬天穿裙子，但没得关节炎。

D. 阴冷天穿得多的人群中也有很多得了关节炎，而且以中老年人居多。

总结思考

影响辩证逻辑思维发展的因素：
（1）领会和掌握知识的广度、深度和系统性。
（2）青少年形成逻辑思维的发展水平。
（3）个体思维品质的独立性和批判性的发展。

拓展应用

课后查询逻辑思维的具体方法，以及它在生活中的运用。

四、想象与联想思维培养

典型案例

路透,是美国某玻璃厂的一名普通工人,负责生产玻璃瓶。有一天他和女友约会,女友穿着流行的紧腿裙,美极了。这种裙子在膝部附近变窄了,强调了人体的线性美。约会归来后,路透突发奇想:为什么不将又笨又重的可口可乐瓶设计成这种紧腿裙的式样呢? 于是,他迅速按照裙子的式样制作了一个瓶子的样品,并将此瓶子设计带到了可口可乐公司,公司领导看了大为赞赏,当即与路透签了一份合同,因此他也成为了亿万富翁。

知识讲解

联想思维简称联想,是一种由一事物的表象、语词、动作或特征联想到它事物的表象、语词、动作或特征的思维活动。想象和联想思维在视觉艺术思维中是不可缺少的重要成分,是决定艺术创作成功与否的重要条件之一。联想有以下几种形式:相关联想、相似联想、对比联想和因果联想。

项目训练

训练目标:让学生充分思考,培养其想象和联想的能力。
训练要求:让学生具有足够时间充分观察,思考。
训练内容:制作画报拼图
找出一张色彩鲜明,有主体形象的画报纸,让孩子多看一会儿,叫孩子记住画面内容,然后把这张剪成碎片,将这些碎片放在白纸板上,让孩子拼出那张完整的画报纸。

总结思考

联想思维在形象胚芽的形成和发展中有时起着"触媒"的作用。一经发生联想,胚芽便立时形成,或迅速生长发育,形成形象。联想思维始终不离开思维对象的感性的形象的形式。它是能动的,却不是纯主观性的;是自由的,却不是任意性的。不论作者自觉或不自觉,联想思维总是受着客观对象、写作对象本身的要求的规定和制约,因此它必然地指向一定的方向。联想思维在写作活动中十分重要,它可以大大扩展思维范围,开拓新的思维层次,把思维引向深入。

拓展应用

根据下列信息,进行强制联想,建立信息之间的综合联想链:
鸟———书上;下雨———胶水;足球———讲台。

五、组合思维培养

典型案例

在一次盛大的宴会上,中国人拿出了香气袭人的茅台酒,德国人拿出来威士忌,俄国人拿出来伏特加,法国人拿出来香槟,轮到美国人时,只见他将各种酒兑在一起说道:"这叫鸡尾酒,它体现了美国人的民族精神——组合就是创造。"这个小故事向我们说明:几种物质都组合有时能产生奇异效果,会导致新物质的产生,这种组合方式就是组合思维。

知识讲解

组合是一种创新,它的思维方式是将两个看似不相干的事物进行组合,是"整体具有单个事物所不具备的新质",增加了新的功能。主要形式有以下几种:同类组合、异类组合、重组组合、共享补代、概念组合和综合组合。

项目训练

训练目标:引领学生通过组合思维的方式,想办法将铁球从洞里掏出来。
训练要求:除了木棍,不允许利用其他工具。
训练内容:

从洞里怎么掏出铁球？有一棵长在沙丘旁边的大树，树的根部有一个 1 米深的、碗口一般大的洞。一天，几个小孩在树下玩铁球，一不留神，铁球掉进了洞里。小孩们只有一根 1 米长的木棍，此外再没有其他什么可以利用的工具。问：用什么办法，如何通过动态的组合把掉进洞里的铁球掏出来？

总结思考

组合是思维的积极发散，不是偶然的巧合。它对对象在空间上进行拓广思考，多方位、多角度探索组合的可能性。组合要求有广博的知识，丰富的实践经验，灵通的市场信息；要善于积累，勤于思索，思维触角向四处延伸，引发"共振"。可以说：组合的道路四通八达，组合的方法层出不穷。

拓展应用

(1) 请列举 5 个同类组合的物品。
(2) 请列举 5 个异类组合的物品。
(3) 请列举 5 个重组组合的物品。
(4) 请列举 5 个共享与补代组合的物品。

第三章

锻炼创新创业技能

第一节　项目实践

典型案例

小米：让用户深度参与

在创立之初，小米定位于"走群众路线"，通过为用户营造参与感，打造"100 个梦想的赞助商"，并借助社会化媒体形成了早期种子用户爆发。

早期做 MIUI 时，雷军说不要花钱将 MIUI 做到 100 万用户。中期小米还会赋予用户权利——成立"荣誉开发组"，让他们试用未发布的开发版，甚至参与绝密产品的开发。此外还有"同城会"，让发烧友最先体验产品等。这极大地增加了用户的黏性和参与感。米粉节是小米回馈众多米粉的节日，小米会在此阶段发布全新产品，以及往期产品大促销。2016 米粉节，小米网总销售额突破 18.7 亿元，累计参与人数 4 683 万人，游戏参与 10.2 亿次。

小米的模式并不能算完全意义上社群，但其早期用户深度参与互动，以及线下活动运营的方式，也可称得上初创建立社群模式的教科书。

知识讲解

小米走群众路线最主要的方法是路演。对于路演，说服和融资不是目的，路演是要达成共识,是基于相同的理念才能迎接苹果落地的一个自然过程。建立以听众为中心的思维模式,路演关心的是经过提炼的最便于听众理解的逻辑,容易说清的才容易获得支持。从信念向执行过渡,路演梳理你与资本之间的关系,突出你的优势。

(一) 讲好你的故事

以一个动人的故事开始你的演讲,这会从一开始就勾起听众的兴趣。而且如果你可以把你的故事和听众们联系起来的话就更加完美了!你所讲的故事应该是有关于你的产品所要解决的问题的。

(二) 你的解决方案

分享你的产品独一无二的地方,和为什么它能解决你所提到的问题。这一部分最好简约而不简单,要做到投资人听过以后,可以轻松地向另一个人介绍你到底在做什么。尽量少使用行业里的生僻词汇。

(三) 你团队的成就

投资人投资第一看重的是团队,第二才是项目创意。

(四) 如何获取顾客

这是路演和商业计划中经常被遗忘掉的部分。你要怎么招募到你的顾客?得到一个用户要花多少钱?怎么样的推广才算是成功?

(五) 竞争对手

这也是路演中非常重要的一环。许多创业者在这部分都没有充分的准备和翔实的数据,来说明他们和竞争对手的不同。一个最好的展示你对于竞争对手优势的格式就是表格:把不同的方面放在顶行,把你和竞争对手放在最左列,然后一个方面一个方面来比较,一个一个来说明你的优势。

(六) 你的盈利模式(商业模式)

投资人总是对这个部分最感兴趣。你怎么盈利呢?你的商业模式是什么?详细地介绍你的产品和定价,然后用事实来证明这个市场正在焦急等待着你的产品的进入。

(七) 你的融资需求

清晰地说明你的融资需求，出让多少股权，未来的计划是如何。你要用多少钱，这些钱用来干什么，这些必须严谨地写清楚。

关于路演注意事项

1. 项目路演注意点

（1）不知所云

这是最常见的问题，也是最严重的问题之一。具体表现就是在路演的过程中，以自我为中心，演讲已完成，但评委还不知道你做的是什么，要干什么事。

（2）技术展示

因为创新创业大赛是科技部主办的大赛，很多参赛选手都是学者、教授。科研人员通常讲起技术滔滔不绝，但讲解中完全不涉及运作情况、商业模式和财务数据，导致投资人评委无法做出判断。

（3）化繁为简，学会用通俗易懂的语言

化繁为简通俗易懂，要能在有限的时间里讲清楚，让第一次听到的人也能听明白，有逻辑且生动类比。不要堆砌大量枯燥的专业术语和数据。

（4）实事求是，不要含糊或者夸大其词

诚恳真实地说出企业目前的状况，不回避问题和缺点。目前做了哪些事情，有着怎样的技术能力，现在的产品和运营情况是怎样的，资源支持如何，遇到了哪些问题……不要好高骛远，一味地"画大饼"。

（5）突出项目优势，讲清楚如何赚钱

要有技术团队、商业模式、技术门槛、市场渠道……不要过分强调企业的技术和产品。

（6）答非所问

最后一个环节，一般是评委提问环节，需要选手作答。但是一部分选手往往会出现答非所问、有意拖延的情况。这样的回答往往没有太大作用，而且耽误时间。

2. 路演内容的取舍

由于时间有限，无法面面俱到，因此必须要有取舍，突出亮点，突出特色，

同时路演 PPT 要简约明快,有画面感,陈述内容不能照搬照套。一般而言,应重点突出以下几个方面:

(1)创业精神:它应贯穿路演陈述的全过程,但不建议单独描述,创业精神要让评委、听众从你的路演陈述中感受得到。

(2)创业过程:一要通过讲故事的手法阐述你是如何选择创业、发现创业机会、战胜创业艰辛、赢得社会认可、取得创业成功的(创业故事立意要高,要真实可信);二要通过创业过程的诉说,清晰阐明创业领域,突出科技创新创业的先进性与水平性(科技创新投入);三要通过创业过程的陈述,揭示创业团队的建设与管理水平,彰显出你的领袖才华。

(3)创业业绩:包括经济效益和社会效益两个部分,要重点突出经营收入、利润、税收三大指标,宜用图表说话,要充分体现创业项目(企业)的成长性(发展前景)。

(4)社会责任:包括提供就业岗位、慈善服务、环境保护等。

3. 路演现场的控场技巧

(1)路演制胜三大招,第一招:多演练;第二招:继续演练;第三招:反复演练(直到对路演的演讲稿熟记于心,可以脱口而出),千万不要拿着提示卡上台,千万不要超时。

(2)路演陈述人必须是参赛者本人,不可抗力除外。遇不可抗力可由其助手代替,但必须报市创业办审核批准。

(3)路演陈述人着装选择。要为成功而打扮,为胜利而穿着。总体上讲,应以整洁、大方、时尚为原则,以彰显当代创业家的气息与风采。

(4)路演仪态。富有激情,要燃烧自己,燃烧评委及投资人;要充满自信,不仅自己要觉得项目好,还要让评委投资人觉得好(自信是最好的演出服装);昂首挺胸,H 型站立,目视前方,加强与评委投资人的目光交流;陈述语速要适中,防止“读”PPT。

(5)路演问答。不回避问题,谦卑应答,简明扼要,不狡辩。

4. 如何让创业路演 PPT 展示更出彩

创业路演 PPT 不要有太多篇幅的描述性文字,要尽可能多采取视频、图片、实物的方式来直观介绍内容,其注意要点有:

(1)确定要解决的问题

一开始就明确你要解决的问题,而不是公司的介绍和产品介绍。诸如每个客户都需要这个"、"下一代平台"之类的说法就太泛了,应该避免。

（2）你的解决方案

这里不用详细描述产品的细节,但需要说明它如何工作、为何能运行,以及定量说明对用户的好处。不要用专业术语和行话,可以提及相关的知识产权。

（3）行业及市场规模

描述行业的整体发展情况、细分市场情况、市场动态以及客户规模。同时也要记住,投资人感兴趣的是有至少几十亿元以上规模,并且两位数成长中的行业,你需要引用有公信力的研究机构的数据。

（4）竞争情况及持续优势

列出并分析竞争对手,包括直接竞争对手和间接竞争对手,以及用户的替代性方案。认为自己没有竞争是不可信的,通常大公司对你构不成威胁的原因是市场太小。一旦你的公司表现出市场吸引力的时候,沉睡的巨人就会醒来,与其他大公司的竞争永远都不要忽视。

（5）盈利模式

盈利模式就是你将如何挣钱,谁会付钱、毛利多少,你需要对收入、利润和增长率进行分析。很多人想通过广告模式获得收入,但忘记了这需要至少 1 亿用户和 5 000 万以上的投资。不要说"我们只需要 1％ 的市场份额"之类的话,这样有两个问题:一是没有投资人对只愿意获得 1％ 市场份额的公司感兴趣;二是任何市场里的最初 1％ 面额是最难获得的,如果认为很容易会被看作太幼稚。

（6）融资要求

明细融资需求及用途,现有股东的资金投入和时间投入情况,估值预测。最可靠的确定融资需求的方式是做个财务模型,根据销售量、成本、定价参数等,预计下一年度的现金流。

关于答辩准备事项

1. 重视答辩演示 PPT 的要素

（1）人才概况:学历背景、工作履历、荣誉与成就等（注意突出与项目高度匹配的重要履历）。

（2）企业概况:公司简介、从事领域、股本结构、核心团队、企业优势。

（3）项目概况：核心技术、目标产品、市场分析、竞争分析、商业模式、地方支持。

2. PPT 制作注意事项

（1）严格按照陈述性提纲来制作 PPT，按照提纲顺序组织内容，不能漏项，专家一般会按照要点来打分。

（2）PPT 实质上是把申报书的主要内容提炼出来（请注意是"提炼"而绝非照搬照抄），内容要简洁明了，夺人眼球，真实且通俗易懂地反映项目的创新性等重要特质。重点必须突出，贯穿的主线明确，将项目是什么、怎么做、进度计划等进行思路清晰而目标明确的汇报。

（3）高度重视 PPT 各部分的关联性，突出项目、人才团队的紧密关联度，坚持问题导向，即目前项目或行业存在的突出问题，领军人才及团队拟突破的关键技术、采用何种技术路线等。

（4）每页风格要统一，层次分明，尽量分段阐述，并且要有适量的图片、图表来说明，显得生动一些。关键的部分可用红色标出；色调要平衡，背景色建议用白色，不要用深色背景；避免使用过多的声音、动画、颜色，留给评审专家清新简洁的感觉。

3. PPT 准备好之后的演练

（1）项目汇报人进行汇报演练，严格控制时间，层次分明，主次分明（人才项目汇报时间一般为 5—10 分钟，具体时间长度以实际面试通知为准，部分层级的人才项目汇报时间截止后直接停止，与项目的汇报进展程度无关，即便是项目尚未完整汇报也要停止，这个问题必须引起汇报人的高度重视）。

（2）结合项目本身可能存在的一些软肋或者容易被挑战部分，进行专家提问的演练，做好回答相关问题的基本预案，最好专业领域的问题由参与答辩的相关人员回答，特别是个人背景、技术创新性、项目投入产出等方面的问题。

项目训练

（一）训练目标

路演的目的很多，最主要的就是吸引投资，让他们对项目产生兴趣。所以，这里的聚焦对象应该是投资人，而不是创业者本人。表达的内容应该去选择投资人最关注的,表达的方式应该是投资人最容易理解的,一切从投资人角度去设计和策划。

(二) 训练要求

(1) 一个吸引人的标题——好的标题,可以胜利一半!

(2) 三个关键词——内容三要素使自己具有系统性思维,步步为营!一个主题,三个关键词足够说明白一个故事了。失败的演讲往往一次涉及面太多,以致重点被淹没。建立起非常强大的逻辑,是使人听上去,我们的每一个关键内容的转化都是层层递进的。

(3) 视觉化的演讲——要有场景感,自己的肢体语言,声调的提示性以及自己沉浸其中的感受,就是现场视觉带动力。

(4) 精心准备和排练。

(三) 训练内容

(1) 利用对标竞品来阐述项目核心价值。核心价值是投资人最关注的点之一,大部分创业者在路演时也都会把这个内容作为重点来陈述。

(2) 用数据解读来描述验证结果。项目经常碰到的一个情况就是:向投资人描述了一个自认为很好的模式,然后投资人说,你先去做做看吧。投资人的意思很简单,就是让你去验证看看。有数据的项目是更加接近于真实的项目,数据漂亮的项目无疑会第一时间吸引投资人的眼球。

(3) 用品牌背书来增加项目亮点。如果你的项目已经有行业内知名品牌客户或合作伙伴,并且实际合作过业务,那么这将起到很好的品牌背书效果。在路演时不妨稍做展开介绍,并辅以数据和场景,以展现真实性和合作效果。

(4) 利用权威机构评选。通过权威机构借势建立信任基础,降低理解难度,减少沟通成本,让人印象深刻。

总结思考

路演最终目的是为了获得融资,但项目融资的目的,却不仅仅是为了获得资金。投资方的价值不止在于提供资金,投资方还可以为企业带来行业经验、人脉、渠道资源、合作伙伴,这些价值远比资金的作用大。并且,获得融资的企业有更多机会获得再下一轮的融资,提升企业的成长速度。再者,分配给团队的股权价值被体现出来,更利于巩固团队,扩大团队。

拓展应用

假设你是一位创业者,请结合所学专业知识设计一份符合该专业的项目路演流程。

第二节　产学结合

典型案例

南京某大学某教授团队与江苏某高科技股份有限公司合作案例《猪重要传染病免疫防控技术及新型疫苗的创制与开发》:针对我国猪传染病危害严重,疫苗防控中存在的研究薄弱、防控技术和产品缺乏等重大科技问题,大学与高科技股份有限公司建立了长期合作关系,研发成功猪圆环病毒 2 型灭活疫苗、猪繁殖与呼吸综合征活疫苗和猪圆环病毒 2 型阻断 ELISA 抗体检测试剂盒,获国家新兽药注册证书 4 项,成功建立 11 条疫苗生产线,实现产业化生产,取得显著经济效益和社会效益。双方合作形成较为完善的长效合作机制、协调机制和利益分配机制、信息共享机制和人才培养机制,建立的产学研合作模式具有较高参考价值。

知识讲解

(一) 产学结合的定义

"产"指产业,"学"指学校。产学结合即产业、学校相互配合,各自发挥优势,从而形成强大的研究、开发、生产一体化的先进系统并且能在运行过程中体现优势。

（二）产学结合的背景

在当今世界的经济成长中,科技立异日益重要,产学合作是晋升自立立异能力,顺应科技经济一体化趋向的必然要求。国家"十一五"国平易近经济与社会成长规划和国家中持久科学与手艺规划纲要提出"增强自立立异能力,培植立异型国家"的成长方针,提出了培植以企业为主体和产学联系的手艺立异系统。它与迎接高手艺的挑战和日益全球化的常识经济竞争无疑有着不成朋分的联系。

美国作为全世界最早实现产学合作的国家,它在工业化和现代化上取得的成就举世瞩目,可以说正是产学合作的兴起带来国家的昌隆,这在这个时代已经是个世界普遍的现象,成功的例证比比皆是,科教兴国已成全世界的共识。

高等教育的成长以及科学水平的提高,进一步促进了产学合作的日益繁荣和深化。世界列国的产学研合作经历了漫长而盘曲的过程,在此,我们仅对在产学合作上取得巨大成就的发达国家的典型经验作一概述,以资斗劲。但愿对我国产学合作的成长有所裨益,为产学合作各方的顺遂合作供给有价值的经验,以敦促我国的产学合作,进而提高我国科技立异能力和我国的综合国力及国家竞争力。

（三）市场调研

【案例导读】

吉利公司市场调查的成功案例

在 1974 年,吉利公司提出了面向妇女的专用"刮毛刀"。这个决策看上去极为荒谬,但它却是吉利公司用一年时间进行市场调查的结果。吉利公司发现在美国的中年妇女中,有极大多数的人为保持自身光洁美好的形象,要定期刮除腿毛和腋毛。毫无疑问,这是一个极有潜力的市场。根据调查结果,吉利公司精心设计了新产品,与男性刮胡刀不一样的是,女性刮毛刀用作刀架的塑料更为鲜艳,并且握柄也改为弧形,更加便于妇女使用,这样一来,新产品立即显示了女性的特点。为了使雏菊刮毛刀迅速占领市场,吉利公司还拟定几种不同的"定位观念"到消费者之中征求意见。结果,雏菊刮毛刀一炮打响,迅速畅销全球。

这个案例很好地表明了市场调查研究是经营决策的前提。

1. 市场调研的概述

（1）市场调研的主要内容

① 环境调查。市场环境调查主要包括政治环境、经济环境、文化环境、科学环境以及自然地理环境等。具体的调查内容包括经济发展水平、经济结构、国家的方针和政策等各种影响市场营销的因素。

② 需求调查。市场需求调查主要包括消费者需求量调查、消费者收入调查、消费结构调查、消费者行为调查，也就是消费者为什么要买、想买什么、购买数量、购买频率、消费时间、消费方式、消费习惯、消费偏好和消费后的评价等。

③ 供给调查。市场供给调查主要包括产品生产能力调查、产品实体调查等。

④ 营销因素调查。市场营销因素调查主要分为产品、价格、渠道和促销的调查。

⑤ 竞争情况调查。市场竞争情况调查主要包括对同行业竞争的企业的调查和分析，了解同类企业的产品、价格等方面的情况，他们采取了什么竞争手段和策略，通过调查来建立企业的竞争优势。

（2）市场调研的作用

① 有助于更好地运用国内外先进经验和最新技术来改进企业的生产技术，提高管理水平和效率。通过市场调查，我们可以及时地了解市场经济动态和科技信息，为企业提供最新的市场情报和技术生产情报。

② 为企业管理部门和有关负责人提供决策依据。每个企业都只有在了解市场的实际情况下，才能在面临各种突发事件时有针对性地制定市场营销和企业管理策略。

③ 可以增强企业的竞争力和生存能力。由于现代化社会大生产的发展和技术水平的进步，市场的竞争变得日益激烈化。市场情况在不断地发生变化，知晓市场实时动态的企业更能有效利用产品、价格、分销、广告、推销等市场因素和有关政治、经济、文化、地理条件等市场环境因素。

（3）市场调研的主要手法

市场调查的技术性手法，主要包括四种手法：① 定性营销研究；② 定量营销研究；③ 观察上的技术；④ 实验性的技术。

2. 市场调研的应用

市场调研的应用可以分为结构式、无结构式和集体访问三种。

（1）结构式访问是事先设计好的、有一定结构的访问问卷的访问。调查人员在访问的过程中，要以相同的提问方式和记录方式，用相同的语气和态度按照事先设计好的调查表或访问提纲进行访问。

（2）无结构式访问与结构式访问恰恰相反，它是由调查人员与被访问者进行自由交谈的访问，没有统一问卷。它可以让调查人员根据调查的内容，与被访者进行广泛的交流。如对商品的价格和性能进行交谈，了解被调查者对性价比的看法。

（3）集体访问是通过集体座谈的方式听取被访问者的想法，收集信息资料。可以分为专家集体访问和消费者集体访问。

（四）项目运行

1. 组建团队

（1）知己知彼的团队成员

大部分创业团队的核心成员都很少，正常是三四人，最多不超过十人。虽然创业团队的成员很少，但是每一个人都有自己的想法和观点。因此，对于每个创业团队中的成员，我们都不能报以轻视的态度。

（2）才华各异、相得益彰的创业团队

创业的团队虽小，但也是"五脏俱全"。优秀的创业团队成员必须是每个人都有各自的长处，大家结合在一起，相互补充，相得益彰。

（3）创业团队必须有合格的领导者

创业团队中必须有一名优秀的领导者、带头人，带头人要获得团队成员在共事过程中发自内心的认可，只有获得认可的领导者才是真正能胜任的领导者。

2. 制定计划

制定计划首先是项目的选择。小型企业在刚开始创办的时候成立独资、合伙企业或个体工商业户，待规模做大后再适时变更为有利于业务拓展的有限责任公司。在有限责任公司制下的企业以其法人资产对外负有限责任，即便企业亏空，风险最大的亏空也是该公司所有，即企业所有盈亏风险要负责到底，而独资、合伙企业和个体工商业户承担无限责任。对合伙企业，可多设一些合伙人来降低税率。其次，就是注册公司，申请合法的经营模式。需要到工商部门进行注册登记,正常情况下,从执照开始申请的时间开始,如果材料全面,七个工作日左右便可全部搞定,申请执照的费用根据申请经营项目不同而不同,一般几百元便可。国家一直持鼓励态度对待高校毕业生创业。国家工商总局甚至针对性地出台了一个"普通高等学校毕业生从事个体经营有关收费优惠政策的通知"。接着,就是税务的缴纳。只要公司受到法律的保护,就要缴纳一定的税务。个体工商业户目前只征收个人所得税;私营独资、合伙企业比照"个体工商业户的生产经营所得"征收个人所得税;私营有限责任公司征收企业所得税。

3.筹集创业资本

创业资金分为固定资金和流动资金两种。固定资金是指企业所拥有的生产厂房、设备、机械运输工具的费用;流动资金是指用于支付劳动者的费用等。具体筹集方法主要有自己筹集资金、向银行贷款、透支信用卡、合伙入股、寻找风险投资几种。

4.创办企业

成功的小企业的发展和多种新的职业的形成在开辟新的市场、新的改革和新的工作方面带了头,这些活动对经济增长和繁荣起了促进作用。着手兴办大多数创业者在开始做时的准备是不充分的。尽管他们具备动力、愿望和才能,但是许多人对他们一开始有兴趣兴办的企业没有花时间进行严格的调查研究。和下棋相似,小企业的成功始于果断而正确的开局措施。尽管初始的错误可能不会导致垮台,但若要重获优势一般都要求技能、纪律和艰苦的工作。兴办企业常见的理由有:想当自己的老板、想要财务独立、在工作中和别人合不来、追求创造性的自由以及希望充分施展自己的技能和知识等。

5.创业管理

创业管理,就是基本上依靠自有资金,使新事业开始赚钱并进入良性循环的管理方式。进行创业管理,我们需要时刻注意它的几个主要特征。

首先,创业管理是"以生存为首要目标"的管理方式。创业企业要超越已有的竞争对手,必须得先在市场上存活下来,探索到新的成功的生存模式,才能谋求更多的发展。

其次,创业管理是"主要依靠自有资金创造自由现金流"的管理方式。现金对企业来说就像是人的血液,企业可以承受暂时的亏损,但不能承受现金流的中断。处于创业初期的小企业往往将管理的重点放在经营上,而忽视财务管理。企业财务管理水平能否适应创业初期的管理要求,创业者必须有一个清晰的认识。

然后,创业管理是充分调动"所有的人做所有的事"的团队管理方式。新企业在初创时,尽管建立了正式的部门结构,但很少有按正式组织方式运作的。典型的情况是,虽然有名义上的分工,但运作起来是哪急、哪紧、哪需要,就都往哪里去。这种看似的"混乱",实际是一种高度"有序"的状态。

最后,创业管理是一种"经理人亲自深入运作细节"的管理方式。经历过创业的经理人大都有过曾经直接向顾客推销过产品、亲自与供应商谈判过折扣、在库房里卸过货、装过车、跑过银行、催过账、让顾客当面训斥过等体验。这才叫创业,要不一切怎么会从无到有?

项目训练

(一)训练目标

(1)了解产学结合的定义、内涵,使学生了解创业之前的准备工作、掌握创业的基本技能。

(2)培养学生良好心理素质和愈挫愈强的顽强意志。

(二)训练要求

(1)从网络、手机、电视、书籍等途径查阅有关"产业结合"的成功案例、人物观点、学习讲座。

(2)实地参观一些"产学结合"创业成功的企业,学习相关经验,减少创业失败的可能性。

(3)通过训练培养大学生的自觉性、坚毅性、自制力和勇敢果断等创业品质。

(三)训练内容

(1)通过模拟"产学结合"创业过程,培养应对和处理创业中突发事件的能力,增强因势利导大胆创新的意识。

(2)通过分析学生自己的专业优势和就业前景、学校和政府对大学生创业扶持政策、大学生创业园区建设等情况,更好更科学地构建大学生创业心理素质培育机制。

小游戏:举起手来

1. 活动目的:让学生体验坚持所需要的耐心和毅力,培养学生的意志力。
2. 活动时间:20分钟左右。
3. 活动道具:一只秒表。
4. 活动场地:室内室外均可,但在室外时要注意避开高寒和高温。
5. 活动程序:全体同学按体操队形站立,每个人的两只手臂伸直向胸前平举,身体不准晃动,坚持10分钟,看谁能坚持到最后。

总结思考

　　通过合作构建产学结合的平台,积极有效利用企业的人力、财力和物力优势,结合学校的科研、知识优势,加强双方的合作。这样既能解决企业科技人才不足的问题,又能为学生实习和培养实践、创新能力提供便利。但是有效的合作平台的构建必须以产学双方利益的焦点作为基础。为了聚焦产学双方的共同利益,学校在进行教育教学改革研究的过程中,特地提出了共建"共享型产学联盟"的新理念,遵循以联盟为平台,以行业为依托,以市场为导向,以项目为纽带,加快人才培养,服务社会经济发展的理念,共同打造全国校企合作高教品牌,满足企业对高等教育人才的需求,为经济建设和社会发展服务,实现企业与学校、学校与学校优势互补、资源共享,开创互利互惠、合作共赢的局面。共享型产学联盟所走的道路,是与党和国家事业发展紧密相连的转型升级之路,是跨界融合、全面成长的育人之路,是紧跟产业发展、不断自我调整的创新之路。

拓展应用

　　(1) 若企业处于产学合作中,则企业寻求合作伙伴时首先想到的是什么?
　　(2) 如果你是在校大学生,你认为产学合作中企业需承担的主要风险有哪些?

第三节　项目改进

典型案例

持续改进方法可提高项目生产效率,降低生产成本。某汽车制造企业物流成本较高,需要改进。项目改进的步骤如下:第一步环境审视,第二步确定任务和把握现状,第三步数据分析,第四步研究和建立解决方案,第五步实施。通过对 2017 年全年运行情况的工时分析,2018 年建立了交替式物流改善项目,取消中转区等待等环节,改进物品运输车型,大大提高了劳动生产率,降低了物流综合成本。具体效益如下表:

表 3-1　流程重组后的效果

动作	重组内容	重组前标准工时	重组后标准工时	节省工时
入库	取消中转区等待	0.5	0	0.5
容器返空	用牵引车替代叉车	3.76	0.58	3.18

表 3-2　改善效果一览表

动作		问题	改善后设备节省(台)	改善权重
站台验收	卡车到达	中转区无面积	0.91	17.80%
	卸容器	容器在卡车内摆放不当	0.04	0.80%
		人或物阻挡	0.01	0.30%
	叉车转运	人或叉车阻挡	0.05	1.00%
		站台中转区距离太长	0.05	0.80%
中转区收货		行政检验	0.16	4.20%
通用小托盘返空		叉车取托盘	0.30	8.90%

知识讲解

（一）项目改进的定义

改进，也叫持续改善（Kaizen），最初是一个日本管理概念，指逐渐、连续地增加改善，是日本持续改进之父今井正明在《改善－日本企业成功的关键》一书中提出的。Kaizen 意味着改进，涉及每一个人、每一环节的连续不断的改进，从高层管理人员、中层管理人员到工人。

持续改进的关键因素是：质量、所有雇员的努力、介入，自愿改变和沟通。提出持续改进的原因是在做项目的过程中，如果发现一个问题，要在吸取经验教训之后进行改正，主要用于推动事情发展的。项目不能反复地踩同一个坑，大家如果遇到了一次问题，下次再遇到这样的问题你就不会再犯错误，这时就已经叫做改进了。从这个角度来说，持续改进是质量管理重点关注的内容。项目管理有一个很重要的原则叫做吸取经验教训，这个原则的背后其实就是要持续改进。每次我们吸取了经验教训下次不犯了，这个就叫持续改进。

（二）持续改进办法

1. 直面问题，不避讳、不隐瞒

创造一种直面问题、不避讳、不隐瞒的工作氛围。

这个事情说起来容易，做起来难。通常出问题后，我们总是希望知道的人越少越好，以免给团队带来不好的影响。通常来说，隐瞒是为了考核、是为了绩效。大部分公司都有健全的绩效考核制度，出现生产问题时，会扣责任人的考评分数或工资。倒不是说应该取消这项制度，但最好能将两个事情结合起来考虑，建立一种怎样的考评机制，能让大家敢于直面问题。让应该知道的人知道。哪些人是应该知道的人呢？项目团队，跟你从事同一个岗位、负责同一个系统的小伙伴们。有了问题、出了事情，怎么解决的，原因是什么，等等，一定要让这些小伙伴们了解清楚。

2. 建立问题比对机制

从某个角度讲，犯过的错误也是一种资产、一种财富，当然要建立在对这些错误充分分析、提出改进措施的前提下。我们将团队成员犯过的错误登记下来，团队范围内共享，并且投产评审时，要将这些问题比对一遍（逐项比对，逐项打勾),确保历史问题没有出现。

3. 搭建问题墙

我们已经相当习惯搭建荣誉墙,这样看着舒服,团队成员面子上也有光,但成绩都是历史,这些还是放在晋升报告里写吧。在这里,我们要搭建问题墙。将团队成员犯过的错误张贴在墙上,当然,这个匿名比较好,只谈问题、谈原因、谈解决办法,也就是对事不对人。问题上墙的前提还是第一条,团队要有直面问题、不避讳、不隐瞒的工作氛围,这个时候团队负责人要起表率作用,可以将自己以前犯过的错、踩过的坑都贴出来,让大家效仿;鼓励团队成员贡献自己的"历史问题"。有新问题产生时,团队经理带领大家分析、解决问题后,将问题贴上墙,一来让大家学习,二来起到警钟作用。

(三)举例:测试改进

基于大学生创新创业项目,以软件项目为例,该如何持续改进项目质量?

1. 遇到的问题

在做项目过程中,经常出现"反复踩同一个坑"的情况。一个团队里小李犯了一个错误导致生产事故,没多久后,小王又因同样的错误导致生产事故,又没多久,小张因类似错误导致生产事故……

作为项目管理人员,碰到团队成员一而再、再而三地出现这个问题,绝对恼火。组织开会讨论,强调不要犯重复性错误、认真检查等,让团队成员紧绷一根弦。短时间可能有效,但我们发现,没过多久,还是会出现类似的错误。

2. 采用测试改进

从测试阶段来说,通常包括单元测试、系统测试(SIT)和验收测试(UAT),每个测试阶段的关注点不同,但相同的目标都是检查产品质量、找出产品存在的缺陷。所以,我们欢迎测试人员在项目的各个阶段发现缺陷、提出问题,但我们更欢迎在早期发现问题。发现越早,改造成本越小。

从测试手段来说,包括手工测试和自动化测试。手工测试由测试人员依据需求、设计编写案例,采用脚本或客户端操作的方式进行验证。自动化测试是把以人为驱动的测试行为转化为机器执行的一种过程。通常,在设计了测试用例并通过评审之后,由测试人员根据测试用例中描述的规程一步步执行测试,得到实际结果后,与预期结果进行比较。手工测试更多的依赖测试人员的经验和责任心,而自动化测试可以集大众经验,且节省人力、时间和硬件资源,提高了测试效率,目前比较受推崇。遇到问题后,我们需要做测试改进,更新测试案例或测试手段,比如,增加死循环检查的案例、超时的案例、边界值的案例等。在这个问题上,自动化测试更占优势。

项目训练

(一)训练目标

(1)了解项目改进的定义、内涵,使学生了解创业之前的准备工作,掌握创业的基本技能。

(2)培养学生良好心理素质和提高学生面对问题、分析问题、解决问题的能力。

(3)将持续改进的理念运用到实践,不断改善项目质量。

(二)训练要求

(1)从多媒体等途径查阅有关"项目改进"的成功案例、人物观点、学习讲座。

(2)实地参观一些"项目改进"创业成功的企业,邀请企业进校园,将成功经验向学生分享。

(3)将项目改进的理念融入到学生创新创业的理念中。

(三)训练内容

(1)通过模拟"项目改进"创业过程,培养学生应对和处理创业中突发事件的能力,以增强因势利导大胆创新的意识。

(2)实际创造项目的现实问题,引导学生分析问题,加强交流,利用团队优势不断改进项目,抓住市场需求,提高项目产品质量。

总结思考

改进性创业是基于针对市场上已经存在的产品或服务而言,将其基本设计和流程学习后,找到问题,重新设计,再进行创业。"六顶帽"思维对这种改进性创业很管用。首先,想创业的人应该锁定一个对象,所有团队成员都觉得,这个对象改进它有意义,可以成为一个事业,改进它对社会有好处,其数量也足够大,特别是,如果数量不大,可能是因为这个东西或服务有问题。这个阶段完成了两个事情,就是白帽和黄帽思维,白帽是事实和数据以及你的定义,黄帽是意义的判断,两者结合起来,决定了你应该继续下去。这时的你们要认真地进行黑帽思维,找这个东西的毛病,反复地找,深刻地找,然后将毛病排序,针对最严重的毛病进行锁定,这就是你将来改进的重点。找毛病要使用论证型头脑风暴,要结合经济社会,特别是要针对现有企业利润而找问题,而不能只是针对产品功能找问题,经常的情况是产品概念市场已经接受,但利润不高或者开始出现下降,这时需要你以改进型创业进入市场,你有一点略高的利润,经过一段时间积累,就可以超过竞争对手。然后再使用红帽的直觉思维,改进产品或服务,通常会采用符号转换,不然你几乎无法做颠覆性的改进设计,甚至可能会重新定义产品或服务。再使用绿色帽思维进行开发和设计,在使用蓝帽思维进行加工和生产组织时,你不能只考虑现在的能力,而是要把创意与设计做成的原理与加工企业反复沟通,由他们帮助提升使方案变得可行。其实,经过一段时间训练,你白帽和黑帽思维会叠加,你会经常遇到一些事,它会成为你的观察点,你迅速能够发现它的重要毛病,但这并不是好事,因为大的创新必须不断重新开始,反复观察,反复定义,反复根据定义找现有产品或设计的毛病,最后做出极致的产品或服务。

拓展应用

(1) 假设你是一位大学生创业者,请结合所学专业知识设计一份符合该专业的项目改进计划。

(2) 作为一名创业者,你认为在项目改进过程中最核心的要素是什么?

(3) 面对复杂的市场环境,项目改进的动力是什么?

第四节　项目总结

典型案例

在谷歌搜索找到巧妙地安排随同搜索结果一起出现的广告商业模式之

前,搜索引擎创造收入的来源主要是:① 向门户网站(如"美国在线")许可搜索技术;② 向企业许可搜索技术,以建立企业内部搜索引擎。这两种模式使搜索引擎发展受制于企业或者大门户网站,难以形成规模。谷歌凭借自己搜索结果领先的技术,实现了向用户推荐高匹配度的关联广告模式,从而使自己可以直接面向所有搜索引擎用户推出付费广告,获得代理佣金,这个商业模式的总结探索让谷歌成长为全球顶级商业巨头。

知识讲解

在创新创业的实践中,任何项目都不是一成不变的。企业家需要不断寻求创新,并随着市场的波动而变化。在老牌企业生存的基础上,面对有限的市场需求压力,努力扩大份额,做好项目总结,实现个人和企业的价值。

(一) 项目总结的方向

项目总结是在项目完成后,对项目实施过程进行回顾,总结实施过程中遇到的问题,讨论当时的解决方案,以便找到更好的解决方案或规避策略。通过总结项目中存在的问题,可以指导后续工作,提前避免相关问题,以最合理的方案实施项目。

(二) 项目总结的意义

(1) 审查项目的初步规划是否合理。在需求评审过程中,通过相关参与者的讨论制定项目计划。但在项目实施过程中,是否严格按照计划执行? 项目建成后,对项目规划进行讨论,有利于及时发现规划中存在的问题,为后续项目做出更加合理的规划。

(2) 分析项目实施过程中是否存在问题。在项目实施过程中,不可避免地会出现各种问题,项目周期越长,出现问题的可能性就越大。通过分析项目实施过程中存在的问题,了解业务流程的需求,对原有业务的影响,评价技术实施方案的优缺点,人员配置是否合理等,对存在问题的项目进行逆向分析,找出实际问题。

(3) 当时的解决方案是否是最优的。在项目实施过程中,如果出现问题,就需要找到相应的解决方案。由于项目周期的限制,当时的解决方案可能是公平的。现在项目已经完成了,让我们回去回顾一下当时的解决方案。有更好的解决办法吗？如果是，未来是否有相应的处理策略？只有通过持续的项目评审，才能确保在未来的项目中选择更好的实施策略。

（4）总结项目经验以指导未来的需求。在创业的过程中，我们不能总是忙于应对各种需求。我们应该时刻注意我们所做项目的项目总结。总结项目实施过程中遇到的问题、解决方案、优化策略等，不断提高规划能力，优化需求实施方案，增加对各种突发情况的应对策略。

（三）项目总结具体举措

（1）项目完成后，将召开复盘会议。项目上线或发布后，积极组织与产品及开发人员的项目评审会。准备记录测试过程中出现的问题，以及项目实施过程中的临时解决方案、后期改进等，如有可能，将收集到的相关问题发送给大家，让参与者提前了解，以便更好地总结和分析问题。

（2）当时的解决方案是什么，是否有优化的空间？在项目实施过程中，可能会遇到一些意想不到的问题，为了更好地保证项目的实施，可以选择一个临时的或非最优的解决方案。现在项目已经完成，请再次分析原始计划。有更好的计划吗？未来需不需要优化。项目有没有问题需要以后解决，有没有相应的计划？从面对整个工程进行全面泄密，总结整理工程相关文件，做好技术备份和积累。

（3）项目实施过程中有没有遗漏的任务，当时的计划是什么？在需求评审过程中，由于需求策划和技术原因，在项目总结过程中也需要对相应功能的岗位职能进行全面讨论。先分析一下我们处理的原因，以后有没有相应的计划，以及现在是否需要安排相应的工作。

项目训练

（一）训练目标

紧跟就业工作理念，以创业带动就业，增强学生创业后期项目总结意识。

（二）训练要求

（1）通过多渠道收集查阅部分企业起步失败的案例，对失败案例进行项目总结，针对项目不足制定改进方案。

（2）实地参观一些创业成功的企业，学习项目总结环节的有关经验，总结得到属于自己的感悟。

（三）训练内容

（1）招募创业项目，邀请有创业经验的教师组成评审小组，对申请项目进行评审，并提出修改意见，帮助有创业意向和强烈创业愿望的学生完善自己的创业道路，并突出创业过程中项目总结环节。

（2）引进项目多元化，避免重复单调，丰富创业园内容，吸引不同领域消费团体与创业园接触。

训练营：我的好声音

1. 活动目的：提升同学们对自我的认知，培养同学们自我管理能力。

2. 活动时间：20分钟左右。

3. 活动道具：每位同学一张结构性自传A4纸、一张空白A4纸。

4. 活动场地：室内。

5. 活动程序：

（1）每位同学完成结构性自传填写。

（2）在第二张纸上画出感觉最满意、最能代表自我的自画像。

（3）结合自画像及结构性自传，在有限的时间内制作一份自我介绍的广告。

（4）与本组同学介绍自我广告。

（5）各组从分享的广告中选出最受欢迎的一份，在班级中分享。

6. 讨论反思：

（1）本组同学怎样评价你的自我广告？

（2）这个活动对你的生涯定位有什么影响？

总结思考

项目总结的意义：确定项目的预期目标是否实现，主要效益指标是否达到；找出项目成败的原因，总结经验教训，及时有效地反馈信息，提高未来新项目的管理水平。对项目运行中存在的问题提出改进意见和建议,达到提高投资效益的目的。后评价是透明、开放的,可以客观公正地评价项目活动成果和差错的主客观原因,客观公正地确定项目决策者、管理者和建设者的工作绩效和存在的问题。可以说项目总结的意义对于创新创业而言具有重要的调控作用,尤其对于大学生创业初期,如何把握市场,准确定位,不断提高产品质量或服务质量。在大学生创新创业实训中,要加强此方面的专门训练,模拟实际环境,创设条件训练学生总结思考的能力。

拓展应用

总结分析阿里巴巴成功的原因以及聚美优品失败的教训。

第四章

孵化创新创业成果

第一节　挑选合适项目

典型案例

在国家"大众创业、万众创新"的号召下，不少年轻人都深受鼓舞，努力寻找创业机会，试图有一番作为。但是，当真正迈出第一步时会发现现实的困难要比想象的多得多。人家已经做过了的，意味着竞争压力太大，别人还没做的，前景似乎不是很明朗。别人有资金、人脉等资源，而自己是一个人，力量太单薄。好的行业似乎永远被别人抢先一步占领，留给自己总是让人食之无味。那么，创业的机会究竟在哪里？

要回答这个问题，我们首先看几个创业成功的案例，了解一下这些成功者是怎样开始创业的。

俞敏洪是大家熟悉的人物，他在北京大学毕业后留校任教。为了筹到足够的钱让自己去美国留学，俞敏洪选择弃教从商。创业初期，他在中关村租了间平房当教室，一个人每天拎着浆糊桶，电线杆子上贴广告。招不到人，就举办免费的讲座，教室嫌小了，就站在汽油桶上像革命志士一样演讲，教师不够了，带上一箱现金到美国找自己的同学回来。如今，俞敏洪的新东方早在美国上市了，身家几百亿。

再来看史玉柱，他学的专业是数学和软件科学。他的团队用了 8 个月的时间开发了一套软件，然后在专业媒体上刊登广告，并一炮走红。"有好的产品,好的广告,好的营销模式,市场自然就打开了。"史玉柱当时创业的启动资金只有 4 000 元。在他看来,创业初期一定要紧盯项目,对选中的项目要聚焦、聚焦、再聚焦,把自己的才智发挥到极致。所以在创业初期的时候,一个人,一个时间点只能干一件事。

创业的成功的例子有很多,那么这些成功的例子有什么共同点?恐怕只有一个字:做。先做了再说,做自己能做的事,把它做好。做的过程中把握变化,积累经验,把事业做大。马云几次调整方向,最后定格在电子商务;史玉柱也是几经沉浮,最终成为传奇大佬。

对于立志创业的有为青年,只要找一个标杆,然后就是踏踏实实做下去,就有机会获取成功。

知识讲解

俞敏洪创业是因为专业不理想,对前途担忧。史玉柱创业是因为当时软件领域外资的触角还没伸到这里,这就是他们创业时所处的环境,可以称之为创业环境。在不同的环境中选择不同的项目是创业成功应该考虑的第一个问题。

创业环境就是创业者所处的境遇和情况,是指开展创业活动的范围和领域。

创业环境对创业者的创业活动具有重要影响。因为它能从各个方面影响着创业活动的进程,决定着创业活动的成败。

创业环境大体分为社会环境与自然环境、内环境与外环境、融资环境与投资环境、合作环境与竞争环境、生产环境与消费环境等。上述各种形式的创业环境相互交织,构成了完整的创业环境的概念。创业者只有全面认识和把握自身所处环境的基本构成,熟谙各种环境所内含的共同趋向和基本要求,才能够切中时代的脉搏,进行卓有成效的创业活动。

挑选合适创业项目考虑的第二个问题是风险控制。创业风险是来自于创业活动有关因素的不确定性。在创业过程中,创业者要投入大量的人力、物力和财力,来进行生产、销售或相关一系列活动。这个过程中肯定会遇到各种各样的困难情况,从而有可能导致创业的整体失败。

1. 风险一:资金不足

企业要正常运行,一定要有足够的资金。房租水电、人员工资都是不可避免的。对于企业来说,开门营业,如果连续出现资金不到位或周转困难,都是非常危险的。相当多的企业因为资金紧缺而严重影响工作的正常开展,这点初创企业尤为突出。因为老牌企业多少年一直在那边,一般会有一种知根知底的心理感觉,新办的企业在这方面肯定要吃点亏。

2. 风险二:社会资源贫乏

企业经营活动是依赖各种社会资源的,创业者平时应多参加各种社交活动,拓展自己的人脉。真正创办企业前,可以先到相关领域亲身实践一段时间,通过这些实践,为自己的创业活动积累经验和资源。

3. 风险三:管理风险

不少青年学生创业者虽然热情很高,能力很强,但经验不是很足,特别是管理经验。要想创业获取成功,创业者应该一专多能,能做到技术、管理两手抓。这些能力的培养可从合伙创业、网络开铺或从模拟创业比赛开始,锻炼自己能力。如果资金充足并有管理能力,则可以考虑聘用职业经理人打理企业的各项事务。

4. 风险四:竞争风险

竞争是企业正常经营中的必然现象,每个企业特别是新创企业要随时考虑如何面对竞争。如果企业所在的行业是一个竞争非常激烈的领域,那么准备好足够的手段应对来自同行的竞争,否则失败将不可避免。

5. 风险五:团队分歧的风险

任何一个企业必定有一个核心的团队。团队搞好了,大家劲往一块使,有什么问题也能很好解决。团队内部闹矛盾了,一点小事就要牵扯大量的精力。人心散了,队伍就不好带了。

6. 风险六:人才流失风险

专业人才及业务骨干是企业的核心资源,创业者应该考虑如何把这个核心人才和企业的发展捆绑到一起。在技术型企业中,拥有或掌握关键技术的人才一旦流失,将会给企业带来不可承受的损失。

7. 风险七:思想上的风险

思想上的风险主要有:侥幸心理、投机心理、想等要靠、小富即安等。思想上的风险是创业者团队最具破坏力的风险,这种风险无影无踪,却又无处不在。

青年学生创业过程中会遇到的风险还有很多,其中有些看起来很小,但处理不当也可能给企业带来灭顶之灾的风险。

项目训练

(一)训练目标

(1)要选择具有创新性的项目。创业投资不能盲目地投资,它对项目可行性的要求近乎苛刻。如果一个创业计划立意平平、没有什么独特和创新之处,是不值得投资的。

(2)要选择具有市场前景的项目。创业项目一般而言要有良好的市场前景,现在一般的风险投资基金和"孵化器"所感兴趣的项目主要有网络技术、软件信息、新材料、新能源、机电一体化、节能领域、生物医药及精细化工等,这些项目有技术含量,而且发展前景也较好。

(3)要选择符合产业政策的项目。我国目前还处在工业化程度逐步加深的阶段,为了不落后于发达国家,国家大力扶持发展高科技产业,给予政策和经济上的帮助。如果一个创业项目符合国家的产业导向,它成功的机会将会大大提高,反之则很容易夭折。

综上所述,要从资金、社会资源、竞争等角度综合考虑挑选合适的创业项目。

(二)训练方法

(1)运用情景模拟、合理分析等手段,将要进行创业的大学生全面参与在创业模拟实验中,构建属于自己的创业经验和创业知识体系。

(2)通过案例分析和研究,分享成功经验,由校内外创业培训教师学习系统的知识,提高自身能力与素质。

(三)训练内容

(1)调研市场上失败和成功的案例,了解市场各要素的具体情况,为自己创业行业、创业项目、创业模式等的选择提供必要的决策参考,使整个市场调查活动都要紧紧围绕调查目标进行,确保真正获得全面可靠的决策依据。

(2)设计创业项目挑选的评价评分表,并对某个创业项目进行综合打分排序。

总结思考

（1）成功挑选创业项目的最关键一条是什么？
（2）如何合理设计创业项目挑选的评价评分表？

拓展应用

小辉是省会城市的大三学生，他来自工薪家庭，学的专业是游泳。请从以下三个项目中，挑选一个适合他的项目，并从创业环境、风险控制等方面给出理由。
（1）卖泳衣泳镜。
（2）做游泳教练。
（3）承包游泳馆。

第二节　研究创业市场

典型案例

了解市场情况，分析市场的现状及其发展趋势，为投资决策或营销决策提供详细准确的资料是市场调查的作用。创业之前要运用科学的方法，系统地做好创业市场调查报告，做到对整个市场环境心中有数。

创业市场调查的内容主要是市场环境情况，包括政策环境、社会文化环境、经济环境。

史玉柱第一次创业的时候对市场做了细致的调查。20世纪80年代末，打字机非常流行，一台要2万元，每个单位都要买。但当时很多单位已经有了电脑，那么能不能用电脑实现打字机的功能呢？史玉柱经过半年多的奋斗，开发了一个称为"M-6401"的文字处理软件，最终一炮打响，开启了他的传奇创业之路。

马云在1994年底首次了解到互联网，随即在而立之年决定放弃自己的教师职业。1995 年 4 月,马云凑了 2 万元,办了一家专门为企业做主页的网站。3 个月后,上海开通互联网,马云业务量激增,利润丰厚,制作一张 2 000 字中英文对照的主页,开价就是 2 万元。马云因此收获了自己的第一桶金。

知识讲解

研究创业市场主要调研细分市场,并以此依据做营销规划。

(一) 细分市场

细分市场的概念是美国市场学家温德尔于 20 世纪 50 年代中期提出来的,是指营销者依据消费者的购买欲望、购买习惯、购买行为等方面的差异,把某一产品的消费者群体划分为不同类别。每一个类别都是具有类似消费需求的消费者群体,每一个消费者群就是一个细分市场。

细分市场可以算是创业最好的方法,因为要发现一个全新的行业,或一个全新的方式其实是很困难的,而在细分市场创业,我们只需要找一家大企业,看他们在做哪个行业,然后根据我们自身的情况,选择一个具体的小行业来做。对于我们个人来说,我们只用找准大公司所做行业的其中一点,坚持做下去,必然会有所成就。

细分市场创业可以简单分为以下几个步骤:

(1) 找几家大公司,如百度、京东、腾讯等,对他们的行业进行分析。

(2) 根据自身的优势,以及熟悉的行业选择具体的一个非常小的行业。

(3) 找出自身的优势,特别是在与大公司的对比上,你独特的优势是什么。

细分市场创业的案例有很多,小的如从淘宝里卖 PPT 或软件发展起来的威客,大的如阿里巴巴推出的盒马鲜生超市。

(二) 营销计划

营销计划是指研究目前行业潜力、市场营销状况,在结合企业自身的条件,实现对市场营销目标、战略、行动方案以及财务目标的确定和控制。营销计划是商业计划的一部分。

很多中小企业不敢谈市场营销计划,因为规划不是很长远,只想把眼前做好就行了,实际上这是错误的,企业成长的过程就是打造品牌的过程。那么如何来做营销计划? 可以参考以下步骤。

1. 第一步:感受现实中的市场

企业需要针对特定的消费者进行定制化营销。曾经某家汽车制造公司打算设计一款新车,为了了解消费者对这款车的接受度而进行了一次用户调查。结果发现这款由资深设计师设计的汽车反响平平。后来经过讨论,重新设计调查表格。在这个表格里,被调查者的个人信息被关注起来,结果发现这个车受到了某类人的狂热追捧,但另一部分人对此极度反感。正是这个原因,这款车的平均分不高,但是制造出来的话,肯定是个爆款。

2. 第二步:竞争策略

大部分企业都会面临竞争,竞争关系处理好了就是动力,处理不好就是阻力。深入了解竞争对手的优点和缺点就是知己知彼中的知彼。很多时候一些企业看上去是庞大的,让人失去与之竞争的信心,但是如果你深入了解它在产品质量、销售布局、售后服务等方面,就会发现他们存在很多的盲区。这就是其他企业可以生存或发起竞争的空间。

3. 第三步:自我评价

知己知彼中的知己就是对企业本身的正确认识。但凡是初创企业,一般都对自己的产品充满了自信,甚至可以称之为盲目的自信。这种盲目的自信往往是会栽跟头的。那么怎样进行企业自身的客观评价? 最简单的方法就是进行企业优劣势分析。其中,优势分析主要地着眼于企业自身的实力及其与竞争对手的比较,而劣势分析将注意力放在外部环境的变化及对企业的可能影响上。

4. 第四步:让产品具有卖点

产品策划是市场营销中的重要环节。企业要在深刻地洞察市场的基础上让产品具有卖点,包括对新概念包装、独特功能利益点诉求,塑造高品质和价值等。只有产品具有了卖点,才有让消费者购买的理由。

5. 第五步:品牌战略

同样一件商品,贴上一个名牌的标签立即身价倍增。要把企业做好,首先是产品质量要过关。怎样让一个产品迅速地让消费者接受? 普通消费者了解一个产品,要么通过自身的体验,要么通过其他人口口相传,这就是品牌效应。

显然一个形象良好的产品更容易打开市场销路。甚至一个产品最后让消费者记住的就是它的品牌。

现在普通人开个店面也会煞费苦心起个响亮的名字，这是潜意识里的品牌想法。但是真真一开始就把品牌建设放到重要位置却不多见。而且一些成熟的企业反而更是不遗余力地打造品牌，进行品牌升级。以汽车为例，长城汽车先是在长城牌轿车的基础上打造 SUV 哈弗品牌，然后又推出高端 WEY 品牌，最近又和宝马汽车合作，不断提升品牌形象，同时享受品牌溢价。

项目训练

（一）训练目标

（1）通过网络、实地考察等充分了解专业市场，并掌握对专业市场进行细分的方法和步骤。

（2）分析创业专业市场面临的内外环境，掌握对所选细分市场做营销计划的步骤。

（二）训练方法

（1）通过媒体公开信息，实地调研，问卷调查等方式寻找细分市场。

（2）合理设计营销计划评分表来对细分市场前景进行评估。

（三）训练内容

（1）找出几个大类创业市场，如培训、家政服务、饮食等，并对其进行市场细分。

（2）对上述细分市场做营销计划。

总结思考

（1）细分市场必定是存在的，但细分市场是否必定可以选用？

（2）做细分市场是否可以规避竞争？

（3）小型初创企业是否可以不做营销计划？

拓展应用

假设小辉同学卖泳衣泳镜的话,应该怎样做才能得到更大的发展?

第三节　组建创业团队

典型案例

马云有一个称为"十八罗汉"的创业团队。当时,马云准备二次创业,于是拉来 17 个朋友侃侃而谈,谈梦想,谈方向,谈计划,谈发展,听得一群小弟是热血沸腾,纷纷表示愿意跟着马云一起干。从此,大家同舟共济,不分昼夜地工作了起来。这十八个人,各有所长,有的懂技术,有的懂市场,有的懂战略,他们的合作就好比是"少林寺十八罗汉阵",配合无间,因此被称为"十八罗汉"。

史玉柱的人生可以说是大起大落,在这过程中追随在他左右的是"四个火枪手",这个核心团队的成员对史玉柱不离不弃,始终团结在史玉柱的周围,共度患难。在史玉柱最困难的时候,这四个人甚至还从家里借来钱援助他。不管外界如何误解,也不管公司陷入怎样的困境,"四个火枪手"始终没有放弃对史玉柱的信心。

知识讲解

团队是指在创业初期,由一群才能互补、责任共担、愿为共同的创业目标而奋斗的人所组成的特殊群体。

(一) 遵循的原则

1. 目标明确合理原则

组建一个团队,不能出现这样一种情况,即团队成员对团队的奋斗方向还认不清楚。目标不但清楚,也必须是合理的、切实可行的,这样才能真正达到激励的目的。

2. 互补原则

团队成员的互补性既指能力、专业，也指性格脾气，甚至包括人际关系、背景等，这样才能发挥团队的最大效用。

3. 精简原则

小微企业初创的时候，很容易对别人的入伙请求把关不严。通常的心理是多一个人就多一份力量。以后会怎样先不讲，眼前肯定多了一个干活的人，又分担了一部分风险。其实这种想法往往为企业的发展埋下很大的隐患。因为多一个人也可能导致"两个和尚抬水喝，三个和尚没得喝"。吸纳初创团队成员坚持宁缺毋滥往往要比多多益善更有利。

（二）创业者素质

创业者与企业任职者相比，比较类似于成就与行动类、管理类和个人效能类的素质模型，但不单纯是这三类素质的组合，主要包含以下内容：

1. 知识技能

创业者需要了解企业管理、市场营销、团队管理、经济法、财务管理、会计以及创业管理的相关知识。

2. 潜在的素质能力

（1）动机。动机是"冰山模型"最深层的东西，也是人内心最深处的东西，每个创业者的初衷都是不同的，有人希望可以拥有自己的事业，自由掌控时间；有人希望通过创业来确认自己对市场的判断；有人找不到工作或者事业，为了生存被迫创业；有人为了实现价值，主动放弃稳定舒适的工作投入创业。还有财富的增加、个人兴趣的拓展、对企业的掌控以及种种原因，都可能成为创业者的动机。动机不同，对企业长期的发展有着深远的影响。

（2）特质。创业者要具备或发展自己的企业家素质，或者具有企业家精神的管理者素质。

（3）自我概念。创业必须具有良好的心理素质，充满激情，不断地探索，相信自我。体现在创业素质中，创业者在决策能力、风险承担能力和沟通谈判能力方面，有不同能力差异和素质表现。

（4）角色定位。创业者承担的角色中，有家庭成员、有企业家、有领导者、有公民,等等。恰当的角色定位应该具有获得家庭支持的能力,协调家庭、文化和企业的能力,适应企业需要的能力,对企业的承诺的能力。

创业者创业首先要对自己有一个清晰的认识,不能看到别人创业了,那自己也要创业,别人做这个项目了,自己也要做这个项目。因为在潜意识里,觉得某人水平还不如自己,凭什么他能做而我不能做? 这样的想法是片面的,成功是由多种条件综合作用的结果,是个人的能力、运气在某个时间点上的总爆发。有些成功是可以复制的,有的则不能。

作为一个创业者,既要认清事实,也要有试错的勇气。既要对自我专业能力、管理能力、资源整合能力等做一个客观的衡量,也要对自己承受风险的能力做个准确的判断。

当今时代是一个团队至上的时代。所有事业都将是团队事业,个人的单打独斗是很难战胜别人的,这就需要依靠团队的力量来分工协作。

在企业团队建设过程中应灵活运用各种手段,通常可以借鉴一些成熟的管理方法来开展团队建设工作。比如开展批评与自我批评,月度年度工作总结,对事不对人等。通过这样的活动,在团队成员之间形成共同的信念和对企业文化一致的认可,以此建立起团队的凝聚力。

团队建立初期尽量维护一个共同的目标,但凡有一技之长的,都要充分利用,发展是第一位的。企业正常运行之后,保持稳定才能进一步的发展。所以在不同的时期,应有不同的发展思路和手段。

"家有千口,主事一人",作为企业也是一样。一个企业特别是初创企业,一定要有一个核心人物,是个能管事的,能带领大家朝一个共同目标前进的人。说起华为人们就能想到任正非,说起阿里巴巴就想到马云。所以企业成立之初,一定要防止以下两种情况出现。

(1)创业团队内部各自为政或山头林立,名义老大没有足够的统治力。在很多情况下,合伙创业是"中国式合伙",很多人跟老大是旧识,当时口头上随便聊几句就进入团队。大家本来就是同事、朋友,涉及到股权、利益的问题就看谁比较强势一点,老大也很难拉下脸来办事,想要表明一下立场也没有很好的说服力。长此以往,团队发自内心地缺乏对老大的尊重,自认为比老大的能力高,进而在团队协作的过程中有意无意地体现出自我的优越感并表示出对老大的不信任,就会给团队管理带来极大的困难和障碍。

(2)公司老大成为整个公司的对立面。虽然一把手本来就应该对公司的所有问题承担责任,但是如果出现众叛亲离的情况,全部问题都仅仅归咎于老大的情况,说明这样的老大确实是有很大问题的。

项目训练

(一)训练目标

(1) 了解组建团队需要考虑的方面和基本原则。
(2) 掌握组建团队的基本能力。

(二)训练方法

(1) 组建一个模拟团队,有明确的领导,清晰的分工,发现别人的优点,发挥其长处。
(2) 制定团队协作机制,借鉴合作者成功的经验,总结合作失败的教训,模拟问题解决过程。

(三)训练内容

试以创建一个艺术类培训机构为例,模拟项目发起人组建团队的过程,从构思,做计划,到实施的整个过程。应考虑团队成员的专业背景,权责分配,协作机制,考核等问题。

总结思考

(1) 一般模拟创建团队时,不会涉及到实际利益,有些问题不会暴露出来。那么如何解决这个问题?
(2) 从动机上看,马云的创业团队和史玉柱的创业团队有何异同?

拓展应用

小辉同学现在决定承包游泳馆,目前已经考查了老家地级市的游泳市场,筹集资金 100 万参与投票竞争。创业之初,各种事情千头万绪,不胜其烦。小辉准备组建一个自己的团队,请从团队成员数量,各自的专业,能力和背景方面来考虑如何建立这样一支团队。

第四节　整合各方资源

典型案例

范蠡是春秋末期一代名相,当时诸侯割据、战事不断。越国因战争需要大量战马,而北方牧场的马匹便宜又剽悍。如果能将北方的马匹卖到越国,一定能够获取丰厚利润。可问题是当时兵荒马乱,沿途常有强盗出没。

经过调查,终于了解到北方有个叫姜子盾的商人,因常贩运麻布早已买通了沿途强人。于是,范蠡就把主意放在了姜子盾的身上。他写了一张告示张贴在城门口,大意是:范蠡新组建了一只马队,可免费帮人向吴越运送货物。

果然,姜子盾看了告示之后主动找到范蠡,求运麻布。范蠡满口答应。就这样范蠡与姜子盾一路同行,货物连同马匹都安全到达吴越,马匹在吴越很快卖出,范蠡因此获得了巨大的商业利益。

上述故事其实是一个资源整合的经典案例。

知识讲解

(一) 创业资源

创业资源是初创企业成长过程中必需的资源,按照资源对企业成长的作用可以分为两大类:

对于直接参与企业日常生产、经营活动的资源,称之为要素资源。要素资源有:场地资源、资金资源、人才资源、管理资源、政策资源、信息资源、文化资源、品牌资源等。

未直接参与企业生产,但可以极大地提高企业运营的有效性资源,则称之为环境资源。

创业资源获取来自两个方面,一是自有资源,二是外部资源。

自有资源主要指创业者自身拥有的、可用于创业的技术、资金、自建的营销网络、创业机会信息、控制的物质资源或管理才能、管理组织等。自有资源可以通过内部培育和开发,企业通过一定的方式在内部开发无形资产、培训员工以及促进内部学习等获取有益的资源。

外部资源则包括亲朋好友、同事、同学、商务伙伴或其他投资者的社会关系及其资源,或者能够借用的人、财、空间、设备或其他原材料等。

创业资源获取途径包括市场途径和非市场途径。

市场途径是指通过支付全额费用在市场购买相关资源;非市场途径则指通过社会关系,用最小的代价甚至是无偿获取资源。

创业资源获取的关键往往取决于软实力。无形资源往往是撬动有形资源的重要杠杆。

初创企业能否活下来,走得远,和企业的缔造者有很大关系。一般创业者都是凭借手上的一定资源并善加利用以此推动企业向前发展。虽然初创企业通常在获取资源方面有天生的劣势,但初创团队一般具有较强的能力,否则也不会走上创业之路。

创业者往往凭借所拥有的开拓精神及在某一方面具有的独特优势而最优化使用相关资源。其既要借助自身的特性,用有限的资源创造尽可能大的价值,另一方面更要设法获取和整合各类战略资源。

王思聪创业时可供利用的资源很多,王健林给了5亿只是启动经费,其他的如名人效应、人脉关系都让人望而兴叹。那普通人呢?俞敏洪创办新东方的时候,专门到美国请徐小平、王强,这也是资源整合。资源无处不在,能用好就是本事。

(二) 创业启动资金筹集

很多创业者在需要创业启动资金时,首先想到的是向自己的父母寻求资助。如果自知自身家庭条件不允许的话,就会寻求自己的亲戚朋友筹借。实际上,不管最后结果是直接拒绝还是象征性地借一点,这种做法往往都比较伤感情。

在现实生活中,一般的创业者都会怎样去筹集创业启动资金呢?

1. 自筹资金

一般创业者肯定要投入一些资金,除非以手头的资源入股。当资金不足时,首先想到的是向亲戚、朋友、同事、同学等借钱的方式。但是,为了避让钱伤了感情,创业者必须注意以下几个问题:首先,无论亲戚朋友给予的资金有多少,经营事业必须保证自己拥有主导权,否则,创业者在企业经营过程中就会由于过多地受到他人的制约而缺乏魄力。其次,要保证良好的信誉,有借有还,再借不难,并且一定不能让出借方吃亏。既要拉得下脸面去借钱,也要做好赔人家钱的准备。创业者要想事业顺利,自己就必须拥有足够的资金,这是创业者首先必须具备的经济观念。

2. 合伙入股

合伙创业不但可以有效筹集到资金,还有利于对各种资源的利用与整合。虽然合伙投资可以解决资金不足的困难,但也应当注意一些问题:一是要明晰投资份额。二是合伙人之间必须要加强信息沟通。三是要事先确立章程。

3. 银行贷款

对于大部分创业者来说,银行贷款是最为传统的筹款方式。目前国家对青年学生创业的扶持力度较大,不少银行对初创人员提供小额免担保贷款,甚至有些好的项目能获取免息贷款。创业的大学生应充分利用这些有利条件来启动自己的创业。

4. 寻求风险投资

想办法获取风险投资人的投资。市场上有金融机构专门从事风险投资,此外,还有一些大企业、大集团也在进行风险投资,风险投资已逐渐成为百姓创业者获得资金的一种方式。一般如果有好的项目或想法,初创者可以直接找风险投资者,而风险投资者也在时时打探好的投资标的。

5. 争取政策性扶持资金

作为国民经济中重要组成部分的中小企业,由于受到资金和规模的限制,经常会在企业发展过程中遇到各种困难。所以,我国各地政府每年都会拨出一些扶持资金,支持这些企业的正常发展。

(三) 创业资金预算

俗话说得好,钱不是万能的,但没钱是万万不能的。创业有可能是为了情怀,但跟着老大混的人大多是为了挣钱。所以一定要把钱算清楚,量入为出,精打细算。否则一旦崩盘,队伍都带不起来了。用钱的地方很多,主要的有以下方面是必须要考虑的:

(1) 项目本身的费用。这里所指是付给所选定项目的直接费用。比如,购买某种机器设备的费用,某一个项目费用。

（2）经营设备、工具等购置费用。主要是指项目在经营过程中所需要的辅助设备和工具。

（3）房租、房屋装修费用及流动资金。在预算这些费用时，要根据当地市场行情计算，房租一般至少要算入3个月的费用，因为现在租房至少也是一季度付一次，有的是半年或者一年付一次。房屋装修费用视其项目而定。

（4）营业执照及其他类似的费用。

（5）经营周转所需要的资金。运行一个项目，至少要准备能支付三四个月的经营周转资金，包括人员工资、水电费、电话费、材料费、广告费、维修费等。

初创业者一定要对运营成本进行预算，并严格执行，不能随意改动。一定要恰如其分地计算出成本，既不能把成本核算得很低，没有一点余量，否则容易出现资金链断裂，也不能把成本折算得过大，因为创业初期赚钱较难，成本定得太大，使得收回本金看上去比较难，打击创业者信心。

为避免发生资金周转困难的现象，最好是珍惜手上的现金，尽量保存。如果不是非常必要，那么能租房子与设备就不要花巨资购买。这就是为什么有些创业者，明知房地产即将升值，在创业之初也宁可租用办公室而不是购买写字楼。不要为了表明自己有实力而大量购买设备，尽量留出多余现金作为创业的储备力量。

项目训练

（一）训练目标

（1）分析现有资源，分析自身优势和资源储备的不足，善于利用已有资源进行拼凑。培养发现资源，挖掘资源的能力。

（2）培养合理利用资源，最大化利用资源的能力。

（二）训练方法

（1）在团队内部用头脑风暴的方式发现资源。

（2）对资源成本进行评估，做资源利用方案。

（三）训练内容

以创建打字复印的小店为例，列出需要的资源。在团队内部列出已有资源以及尚要补足的资源。展开头脑风暴,解决资源短缺的问题,并对资源利用成本进行评估。

总结思考

资源无处不在,关键是能否承担使用的成本。那么怎样核算资源的使用成本呢?

拓展应用

小辉开游泳馆只有启动资金,请帮他整理一下还有哪些资源可以利用?

第五节　实现成果孵化

典型案例

马云初期创业,有一次转战北京,但创业失败了! 马云团队在长城上抱头痛哭! 离开北京前的一个晚上,马云团队吃了最后一餐北京的饭菜。最后马云决定南下杭州再次创业。这也意味着此时已经是马云 30 岁以来第 4 次连续创业失败。

史玉柱第一次创业时,朋友给他介绍了三个人。后来企业有盈利时,其中两个人当时就要平分利润。最后整个团队分裂,合伙人把公司电脑抱走后再也见不到人影了。从此以后,史玉柱再也不和别人办公司,无论给高管开多高的工资都可以,但股份全抓在手里,免得后面纠缠不清。

知识讲解

企业组织形式主要有独资企业、合伙企业和公司制企业三种形式。

独资企业,是由个人出资创办的,可以自主决定经营思路,财务运作。赚了钱,一切由经营者分配使用;亏了钱,则全由经营者的资产来抵偿。合伙企业是由多个人共同出资创办的企业。合伙人对整个合伙企业负有无限的责任和权利。独资企业和合伙企业都是自然人企业,出资者对企业承担无限责任。公司企业主要包括有限责任公司和股份有限公司,是出资者按出资额对公司承担有限责任创办的企业,其特点是所有权和管理权分离。

(一)企业组织形式的决定因素

创业者在创业伊始需要了解我国现有企业制度中可以选择的各种投资、创业形式,以及每一种形式的优劣,从而选择一种合适的企业组织形式。通常而言,决定企业组织形式时应考虑以下几个方面的因素:

1. 创业所涉及的行业

法律规定一些特殊的行业只能采用特殊的组织形式,比如律师事务所不能采用公司制企业形式,而只能采用合伙形式;银行、保险等金融企业,则只能采用公司制形式。因此,根据创业行为所涉及的行业来确定可以采取的企业组织形式是首先需要考虑的因素。

2. 创业者承担风险能力

创办企业是有风险的,而创业者日后所需要承担的责任大小与企业组织形式息息相关。公司形式的企业,其股东对公司承担责任仅以其出资额为限,因此公司制企业对于风险控制具有重要的意义;普通合伙企业及个人独资企业,则需要承担无限责任,创业者必须承担的风险不但包括之前的投资额度,还包括全部个人财产,因此,采用这两种组织形式承担的风险相对较大。

3. 税费因素

由于不同形式的企业组织所缴纳的税费不同,因此选择企业组织形式,必须考虑税费的问题。我国税法规定,对个人独资企业和合伙企业的经营者计征生产经营个人所得税,其中合伙企业的按合伙协议约定的分配比例,确定各自的应纳税所得额,分别缴纳全部生产经营所得个人所得税。而对于公司制企业既要缴纳企业所得税,征收股东获取经营收益时的个人所得税,即按照20%的税率缴纳个人所得税。虽然从税赋筹划的角度来看,合伙企业或个人独资企业,一般所需要缴纳的税赋较公司制企业要低。但是,对于一些特殊的行业,由于我国政府对其采取税收优惠政策,例如高新技术企业和小微企业等,在享受到税收优惠政策的情况下,公司制企业或许更加节税。

当然,除了上述因素之外,还可以从投资权益的自由流通度、经营管理的需要等多个方面就企业组织形式的优劣进行分析与比较。总之,创业者只有选择出最适合的企业组织形式,才能充分满足自己的实际需要。

我国在 2006 年修订《合伙企业法》时增加了有限合伙制度,该制度规定部分合伙人可以承担有限责任,对于发展我国的风险投资等特殊行业起到了促进作用,因而受投资者的重视和青睐。

(二)企业选址原则

1. 费用原则

企业是市场竞争主体,独立自主、自负盈亏,经济利益当然是最重要的考虑因素。因此,想办法使企业选址所带来的费用最小化就成为企业选址的首要原则。需要考虑的方面有:建设初期的固定费用、投入运行后的变动费用、产品出售以后的年收入等。

2. 集聚人才原则

企业的竞争力是多种因素作用的结果,人才是企业当中最有价值的资源,人力资本的作用在现代市场经济条件下已经变得越来越突出,企业选址选恰当有利于吸引人才。

3. 接近用户原则

对于一些制造业企业来说,接近用户很重要,比如说啤酒厂,其产品大多在产地销售,所以就要离人口密集的城市近一些,这样可以接近市场,节省运费,减少损失。对服务业来说,则无一例外地都需要遵循这条原则,银行、邮局、医院、学校、商场等都是如此。

4. 长远发展原则

企业选址原则是一项战略性的决策,必须要有战略意识。企业的地址一旦确定下来,将长期在那里从事生产经营活动。选址工作要考虑到企业生产力的合理布局,要考虑市场的开拓,要有利于获得新技术、新思想。在当前全球经济日益走向一体化的背景下,还要考虑如何有利于参与国际竞争的开展。美国希望一些大企业把生产线迁回美国,但苹果公司却无法响应,因为只有中国才有成熟的配套产业链。这是企业必须考虑的成本问题。

项目训练

(一)训练目标

(1)了解三种不同形式的企业组织形式。

(2)了解企业注册的步骤和材料。

(3)了解选择企业组织形式需要考虑的问题。

(二)训练方法

(1)通过网络查询企业的组织形式及其需要承担的法律责任。

(2)通过媒体、中介,或现场的方式了解注册企业需要的材料和过程。

(三)训练内容

(1)设计一个表格,列出选用三种不同组织形式的企业的利弊。

(2)设计一个流程图,列出注册企业的每个步骤及需要的材料。

总结思考

(1)为什么马云选择合伙人制或史玉柱选择独资?

(2)选择哪种组织形式主要与什么因素有关?

拓展应用

小辉的游泳馆马上就要开业了,请帮他考虑一下企业的组织形式以及选址问题,并调查一下企业登记流程以及需要的相关材料。

第五章

实践案例分析

第一节　云题 100 高速扫描智能阅卷分析系统案例

项目获奖:第三届中国"互联网十"大学生创新创业大赛江苏省赛一等奖
项目成员:钱胜君、马敏、练小雨、汪伟、朱海燕、沈佳佳、毛雨、张倩文
项目指导老师:卢东祥、周彩根

项目概况

(一)项目简介

云题 100 高速扫描智能阅卷分析系统具有:智能扫描、阅卷分析、量化统计、数据分析、错题集成、智能备课、精准教学、课堂教学、课后练习、数据安全功能。老师可以通过该系统将批阅的学生试卷放入高速扫描仪扫描,客观题自动判分,主观题教师手工阅卷分步得分,系统能立即精确分析出每道题的错误率、出错学生名单等数据,后台还可查看每名学生的错题情况、班级均分、历次测试成绩波动情况。老师在教学的时候可使用该系统智能备课。学生登录该系统可自动整理出历次考试的所生成的错题集并一键下载,还可以对错题分析进行查看。家长可在该系统客户端及时了解孩子的学习动态,他们还会收到系统推送的经过精准分析得到的如何提高学生成绩的建议。

(二)核心产品和主要服务

在项目开发初期(2014 年 11 月至 2015 年 1 月),系统是面向教师群体的、

以平常考试的阅卷机制为工作内容的基础阅卷系统,服务内容包括:阅卷合算分数、成绩排名、全科成绩均分、主观题与客观题得分率等。

在 2016 年 4 月,完成了对系统的升级,拓宽了服务范围、增加了系统功能、提升了系统性能。首先,服务对象从原来单一的教师群体发展为教师、学生、家长三位一体的目标群体,他们可以通过各自的客户端直接查询成绩结果;其次,登录界面更美观、系统运行更流畅、软件功能更完善,同时扫描阅卷的识别速率翻倍提升,识别准确率达到 99.95%;最后,在功能上着重突出智能化,加入了数据分析功能,并且数据自动保存至阿里云,形成大数据。对于学生,可以进行错题分析、知识点的整理,形成错题集;对于家长和老师,会对考试的结果进行分析,并将结果及时更新,反馈至客户端,使得老师备课更具针对性,家长也能随时掌握学生的学习情况,这就形成了云题 100 高速扫描智能阅卷分析系统。如图 5.1.1—图 5.1.4 所示是升级产品后的登录和运行界面。

图 5.1.1　系统登录界面

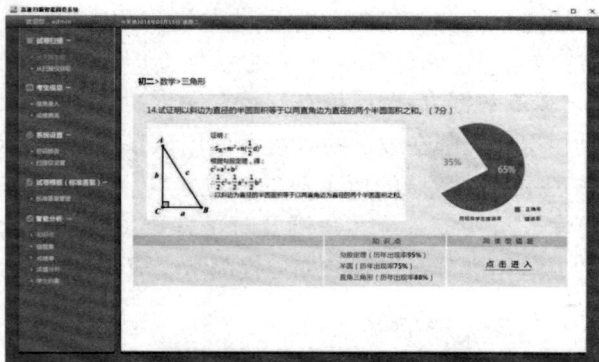

图 5.1.2　错题分析界面

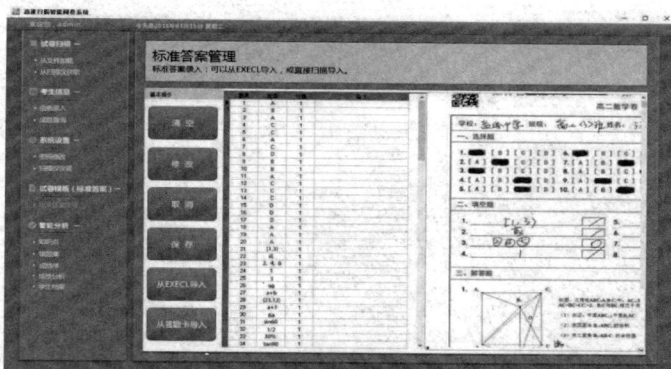

图 5.1.3　标准答案管理界面

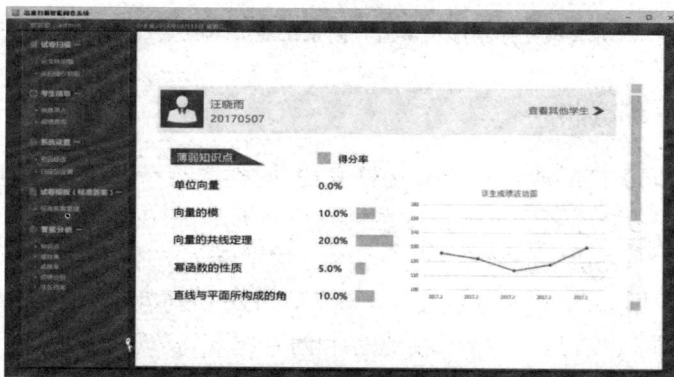

图 5.1.4　知识点掌握情况分析界面

（三）公司简介

　　海控科技是一家致力于研发、销售、运营以计算机图像识别与处理技术、数据挖掘技术为核心技术的智慧教育产品的高科技企业，涉足教育、电子产品、互联网三大行业。主要产品有云题 100 高速扫描智能阅卷分析系统、高速扫描仪问卷调查软件、高速扫描智能识别系统等。产品广泛应用于教学阅卷（单机版阅卷软件、网上阅卷系统、移动端版系统）、教育系统教学评估、对中学生学习情况的智能化分析等方面，海控不断引领智能教育行业最核心的技术革新，未来我们将走向更远……

图 5.1.5 江苏省教育厅副厅长洪流和南京工业大学党委书记芮泓岩视察公司

(四) 市场分析

根据对同类产品调查与功能比较发现,同类产品一般可实现同类错题集成并分析、中考高考真题与模拟试卷集成并分析,但很少做到教师、学生、家长三位一体服务,无法适应教育发展的需求。本产品能够做到快速阅卷、准确计分,利用大数据、人工智能处理技术实现智能化分析与教师、学生、家长的三方精准推送。同类产品如学霸君、猿题库和阿凡题等,实现了我们产品的部分功能,但错题分析和精准推送两项核心功能它们没有实现。

	校内考试错题分析	老师精准试卷辅导	同类错题集并分析	模拟卷自动生成并分析	中高考真题与模拟卷并分析	教师、学生、家长三位一体
我们的系统	✔	✔	✔	✔	✔	✔
学霸君	✘	✘	✔	✔	✔	✘
猿题库	✘	✘	✔	✔	✔	✘
阿凡题	✘	✘	✔	✘	✔	✘

图 5.1.6 同类系统功能对比

　　一般的网上阅卷系统是指以计算机网络技术及电子扫描与识别技术为依托,实现客观题自动阅卷,主观题网上评卷及成绩数据处理的计算机软件系统。应用网上阅卷系统可达到的两个目的:一是为教学诊断和针对性教学提供科学依据;二是为减轻教师负担,节省考试成本提供现代化手段。这两者之间,前者更受人们重视,因为离开了教学质量一切都将变得毫无意义。要想实现科学的教学诊断和有针对性的教学,提高教学质量,考试阅卷结果的科学处理与专业分析显得尤为重要,因此,统计分析与评价就成为阅卷系统的重要功能。

　　云题100高速扫描智能阅卷分析系统是基于数据挖掘技术、计算机图像识别和处理技术的数字化智能阅卷系统。该系统不仅可以实现主观题自动评阅,客观题人工批阅扫描识别的功能,还可智能化地进行有效分析,通过强大的后台设置功能,将学科成绩以 Excel、Pdf 类型的报表推送给用户。本系统具有使用方便,批改快速、分析及时、数据可靠、效果显著等优势。它不单是一个考试阅卷系统,更是一个对学生成绩进行分析的系统。下面从阅卷管理、数据分析、精准服务三大方面,将云题100的智能阅卷分析系统与网络阅卷系统功能做对比。

表 5.1.1　前端后端对比

	网络阅卷系统	云题100高速扫描智能阅卷分析系统
阅卷管理	1. 支持第三方试卷的阅卷; 2. 支持阅卷计划,设置阅卷时间、人员、方式。	1. 结合高速扫描仪,教师批阅实现客观题自动判分,主观题人工批阅扫描识别得分点; 2. 扫描速率快,节省答题卡扫描时间; 3. 自动登分,无须人工统计。
数据分析	1. 批改试卷,合成分数; 2. 全面分析考试结果,图形化表示; 3. 得分率登分统计功能; 4. 支持分析结果导出。	1. 批改试卷,合成分数,配以扣分说明; 2. 拥有海量题库。目前,已经和江苏凤凰教育出版社以及学科网的题库签约合作,从而方便教师进行学科题目的采集,让老师出卷不再困难; 3. 通过大数据分析,针对性地向教师、家长、学生分别进行智能推送; 4. 对每位同学形成数据分析,并对知识点进行整理形成错题集,知识点集; 5. 生成大量实用报表,试卷和试题分析功能灵活多样,统计、查询和分析结果以图形报表的形式直观展现。

网络阅卷系统	云题 100 高速扫描智能阅卷分析系统
精准服务	1. 对于老师,根据学生错题率形成错题知识点,以便智能备课与精准教学; 2. 对于学生,根据试卷进行错题集知识点的整理,形成集合,推荐错题相似题并提供学习相关的建议; 3. 对于家长,可以随时掌握孩子的学习状态。

(五)商业模式

我们采用软件赠送的商业服务模式,除了同类错题练习、题库精选试卷,其余功能可以任意使用,我们向学校提供服务,帮助学校提高升学率,学校督促老师使用我们的产品,从而减轻负担,进行精准教学,提高学生学习效率。同时,我们将帮助学校收集所有的使用数据并收取一定的服务费。

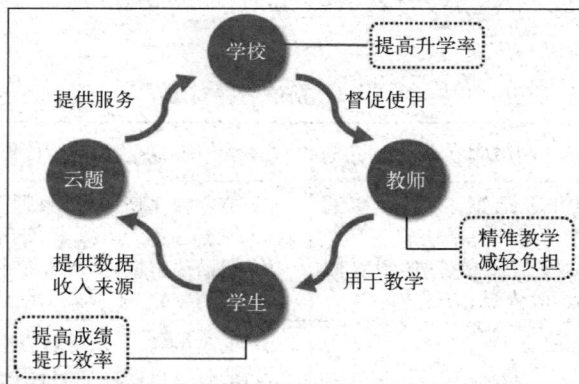

图 5.1.7　商业模式

项目缘起

(一)"互联网＋"行动计划

在全球新一轮科技革命和产业变革中,互联网与各领域的融合发展具有广阔前景和无限潜力,已成为不可阻挡的时代潮流,正对各国经济社会发展产生着战略性和全局性的影响。积极发挥互联网现有优势,把握机遇,增强信心,加快推进"互联网＋"发展,有利于重塑创新体系、激发创新活力、培育新兴业态和创新公共服务模式,对打造大众创业、万众创新和增加公共产品、公共服务"双引擎",主动适应和引领经济发展新常态,形成经济发展新动能,实现中国经济提质增效升级具有重要意义。通过物联网、云计算、大数据等技术,整合产品全生命周期数据,形成面向生产组织全过程的决策服务信息,为产品优化升级提供数据支撑,形成基于互联网开展故障预警、远程维护、质量诊断、远程过程优化等在线增值服务,拓展产品价值空间,实现"互联网＋"的转型升级。

(二) 互联网＋教育

"互联网＋教育会生成什么? 无疑是智慧教育。"真格基金创始合伙人"一起作业网"董事长王强在北京举行的一场新闻发布会上这样表示。

王强说:"在今年的政府工作报告中,首次明确提出'互联网＋'计划。我认为,具体到教育领域,可大致概括为一个简单等式:互联网＋教育＝智慧教育。我们将一如既往地践行'互联网＋教育'计划,推动中国中小学智慧教育进程,把智慧之树和幸福之树植根于孩子们心中。"

如今,信息化技术已经渗透到社会的各个方面。教育领域中,一场信息化的颠覆性变革正悄悄地发生着。互联网具有高效、快捷、方便传播的特点,而且教育是现代一直所经历的阶段,所以"互联网＋教育"就会形成一种新型教育。教育与考试永远挂钩,考试结束后老师需要对答题卡进行手工批阅,而我们的软件能实现客观题自动判分,主观题人工批阅后进行扫描按得分点来合分,不需要老师花费大量的时间进行批改。我们的智能阅卷系统并不是普通的阅卷系统,是一种基于大数据分析技术的智能辅助教育产品:集错题集成,知识点整理,数据的分析于一体的智能阅卷系统。

(三) 图像识别、云计算、大数据技术的发展

1. 识别技术发展

目前,自动识别技术发展很快,相关技术的产品正向多功能、远距离、小型化、软硬件并举、信息传递快速、安全可靠、经济适用等方向发展,出现了许多

新型技术装备。其应用也正在向纵深方向发展,面向企业信息化管理的深层的集成应用是未来应用发展的趋势。随着人们对自动识别技术认识的加深,其应用领域的日益扩大、应用层次的提高以及中国市场巨大的增长潜力,为中国自动识别技术产业的发展带来了良机。自动识别技术具有广阔的市场前景,各项技术各有所长,面对各行业的信息化应用,自动识别技术将形成互补的局面,并将更广泛地应用于各行各业。

2. 云计算发展

云计算发展趋势如下:

趋势一:快速增长。从市场的渗透情况看,云计算在目前甚至是未来几年内在中国仍是一门新兴产业,其未来的发展一方面有赖于云计算知识的普及以及相关使用者对其的评价和反馈。目前,各省市政府对云计算的政策支持和相关的示范性工程将给云计算的市场推广带来正面作用。根据《国务院关于加快培育和发展战略性新兴产业的决定》中提及的战略新兴产业的未来预期,中国云计算市场未来 5 年内将会达到至少 30％以上的增长水平。

趋势二:产业升级。前瞻产业研究院《2016 年—2021 年中国云计算软件行业市场前瞻与投资战略规划分析报告》提出:从产业面上看,由于涉及虚拟化、云平台、分布式资源管理、海量分布式存储、云安全等核心技术,因此云计算市场的发展将全面改变由 CPU、存储、服务器、网络、运营商、终端、操作系统、应用软件及各种应用所构成的整条 IT 产业链,并深远地影响从生产到生活的信息化应用。可以预见,未来云计算将推动传统设备提供商进入服务领域,带动软件企业向服务化转型,催生跨行业融合的新型服务业态及新的商业模式,支撑物联网、智能电网等新兴产业发展,加速制造业、服务业的转型和提升。

趋势三:产品和服务。从现状上看,目前部分云计算平台已开始向企业和社会提供服务。

我们根据试卷扫描数据分析生成报告后,可上传至阿里云,进行云计算。云计算是一种资源利用模式,它能以简便的途径和以按需的方式通过网络访问可配置的计算资源,快速部署资源。在这种模式中,应用、数据和资源以服务的方式通过网络提供给用户使用。云计算是大量的计算资源组成资源池,用于动态创建高度虚拟化的资源以供用户使用。通过运用云计算技术,我们的系统的空间利用率显著提高,数据计算、分析的正确率大大提升,同时我们的管理也更加智能化、自动化,管理人员都可以在同一个管理界面上进行操作,提高了工作效率。

3. 大数据发展

随着信息技术的快速发展,尤其是移动互联网、云计算、物联网等技术的广泛应用,大数据成为了当今时代信息技术的必然产物。大数据对各领域的深刻影响,使其迅速成为越来越多领域的热门话题,在教育领域也不例外。当前的教育信息化呈现出前所未有的发展势头,技术与教育的深度融合正在推动教育的变革与创新。

(1) 国内大数据在教育领域的发展现状

大数据可以说是贯穿从基础教育到高等教育,甚至于到终生教育。教育大数据更是分布在包括教育教学管理、教学资源、教学行为、教学评估等在内综合教育系统的始末。大数据的思维和理念可以为优化教育政策、创新教育教学模式、变革教育测量与评价方法等理论研究提供客观依据以及新的研究视角,能够更好地推动教育领域的变革。

(2) "大数据资源"成为重要的教育资源

教学资源的数字化、信息化、网络化,使得教育资源在大数据时代实现资源共享成为可能,包括网上教研系统、网络备课系统、教师学习中心系统、教师评价系统、资源管理与应用系统、视频点播系统、远程网络教学系统等,大数据教育资源可实现一站式教学信息平台。而学生在学习公共服务平台上,通过网络课堂、自主学习系统、互动交流系统等实现远程学习、移动学习。目前互联网、云计算、物联网、移动互联网、智能技术等技术的快速发展,教育数据的形式和来源越来越趋于多元化、多样化,谁能快速发现和整合数据,并能解决如何利用数据挖掘其背后的价值,这将会有效增加其在未来的竞争力。

(3) "大数据应用"促进教育变革:从传统教育到"因材施教"、"量体裁衣"

大数据可以支持对学习者个性发展的研究,大数据的分析可以提供给我们关于每一个学习者的学习需求、学习风格、学习态度乃至学习模式等信息,进而能够为每一位学生都创设一个量身定做的学习环境和个性化的课程,还能创建一个早期预警系统以便发现滑坡甚至厌学等潜在的风险,因此我们可以相应地提供适合不同学习者发展的学习内容和学习指导,促进其个性发展从而实现真正意义上的个性化教育。

(4) "大数据应用"促进教育变革:教育教学形态层出不穷

比尔·盖茨曾预言:"5 年以后,你将可以在网上免费获取世界上最好的课程,而且这些课程比任何一个单独的大学提供的课程都要好。"当然"新技术并不能取代老师,而是重新定义了教育"。学生是个性化的,这就需要我们老师学会高效利用高新技术、利用教育信息资源,有针对性、更个性地指导学生成长、进步。

2015年我国正式启动了"互联网＋"行动计划和大数据战略,发展教育大数据已成为当前推进我国教育领域深化改革与创新发展的战略选择。教育关乎国计民生,作为国内首家基于大数据研究的教育高级智库,相信中国教育大数据研究院对大数据在教育领域应用的探索会越来越深入和全面,也必将取得越来越丰富的成果。

4. 人工智能融入基础教育,促进教育过程智能化

谷歌围棋人工智能AlphaGo战胜李世石。这引发了人们对于阿尔法狗所代表的人工智能的关注。人工智能时代提上日程,你有准备吗?研究者普遍认为,人工智能的发展顺序是:弱人工智能、与人类智能相当的"强人工智能"和全面超过人类智能的"超人工智能"。目前,弱人工智能已经渗入我们生活的方方面面:搜索引擎、实时在线地图、Siri等手机语音助手都运用了人工智能技术,在未来对教育的一些领域会得到广泛运用。

(1) 自动批改作业

计算机科学家乔纳森研发了一款可进行英语语法纠错的软件,不同于其他同类型软件的是,它能够联系上下文去理解全文,然后做出判断,例如各种英语时态的主谓一致、单复数等,因此教师可以运用此软件实现自动批改作业,它将提高英语翻译软件或程序翻译的准确性,解决不同国家之间的交流问题。

(2) 个性化学习

McGraw-Hill教育正在开发数字课程,准备相关的课程资料,它从200万学生中收集信息,利用人工智能为每个学生创建自适应的学习体验。当一个学生阅读材料并回答问题时,系统会根据学生对知识的掌握情况给出相关资料。系统知道应该考学生什么问题,什么样的方式学生更容易接受。系统还会在尽可能长的时间内保留学生信息,以便未来能给学生带来更多的帮助,实现个性化的学习。

(3) 智能辅导系统(ITS)

2007年,美国两位化学教师开始一项开创新的教学实践活动。他们使用

屏幕捕捉软件录制演示文稿并播放讲解的声音,形成视频上传到网上,以此帮助课堂缺席的学生补课,接下来,他们组建以学生在家看视频听讲解为基础,开辟出课堂时间让学生完成作业或实验的新途径,并为过程中有困难的学生提供帮助,构成了初期的智能辅导系统。

(4)互动学习环境(ILE)

在华中科技大学的一堂广告创意策划课上,"弹幕教学"亮相了。在上课的过程中,学生手持平板电脑或者手机,随时可以通过网络发表疑问、提出看法,这些内容会即时显示在课件上。授课教师根据学生的反馈,随时调整授课内容和方式。这种一边听老师讲课,一边通过网络发送文字在屏幕上讨论问题的教学模式,引起了同学们的极大兴趣,形成了较为活跃的互动学习环境。

(5)对教学体系进行反馈和评测

当高三学生在查询"一诊"成绩时惊奇地发现,他们看到的不仅仅是一个简单的分数,还附有一份"诊断报告单"。通过这份报告,他们不但可以了解到自己学科板块知识点和能力点的掌握情况,还能看到对自己的优势、劣势的学科分析。记者从成都市教育局了解到,他们正在高三年级诊断性考试和高一、高二学生学业质量监测这几个重要考试中试点,尝试通过大数据,为学生的学力情况"画像"。据介绍,此次高中学生的学业成绩诊断报告,就是借助大数据的帮助,通过对学生学习成长过程与成效的数据统计,诊断出学生知识、能力结构和学习需求的不同,以帮助学生和教师获取真实有效的诊断数据。通过这份"诊断书",学生可以清楚看到问题所在,学习更高效;教师也可对症下药地针对具体情况,选择不同的教学目标和内容,实施不同的教学方式,进一步提高教与学的针对性、有效性和科学性。

产品与服务

(一)产品概述

公司推出的以"计算机图像识别与处理技术、数据挖掘技术"为核心技术的高速扫描智能阅卷分析系统,覆盖学科比较广泛,我们系统的前端主要用于信息录入、成绩查询、用户管理和标准答案管理等方面,后端老师可以从我们系统查看题目的错误率,并且从我们的海量题库中抽取题目,自动生成试卷,老师还可以通过我们的系统进行精准备课,了解到重点关注的学生。每月我们可以为学生精选题目推送,每当学生进行考试,可以从我们的系统看到自己的错题和自己的薄弱的知识点,提高自己的学习效率。家长登录自己的账号后可以掌握学生的学习情况,为自己的孩子下载同类型的题目,做到及时监督孩子的学习情况。

1. 产品应用场景

学生进行考试,考试结束后,客观题自动识别,主观题由老师手工阅卷。我们将试卷信息数据化,并将数据化传送至阿里云,进行各种智能化分析。

2. 核心技术

本系统首先利用高速扫描仪将考生答题卡进行准确的扫描,能够实现客观题自动评阅,主观题识别比对数据化存储,从而确保考试结果的客观、公正及准确。通过理论分析及一系列实验,构建 Hadoop 大数据分析的基于文件块的增量传输机制,进而建立基于 MapReduce 的并行线性回归预测模型,实现对学生学业的体检,深入探析学生在每个试题解答过程中所反映出的学科心智特质,多视角多角度分析学生的考试分数及卷面解答情况。最后,为实现对分析结果的有效、实时、动态、主动的推送,构建了基于 XMPP 动态 IP 主动推送机制,将分析出来的结果推送到手机客户端,将信息反馈给考生本人及家长,同时我们的系统将自动生成大数据传送至阿里云,进行数据分析,以防数据的丢失。

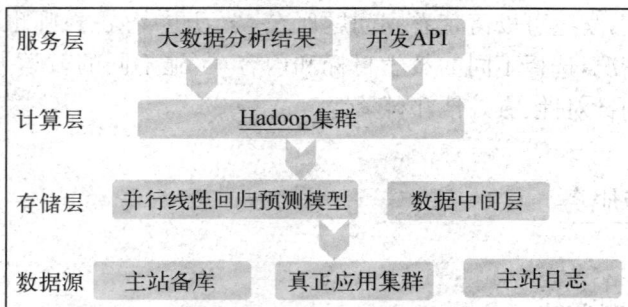

图 5.1.8　技术分析

该系统的优势在于我们拥有海量题库,使用方便、实用性强、批改快速、分析及时、数据可靠、高速扫描、平台应用个性化、操作便捷。学生在完成答题卡后,教师需手工阅卷客观题,完成阅卷后,系统可以实现一键扫描、采集试卷,将试卷信息数据化。

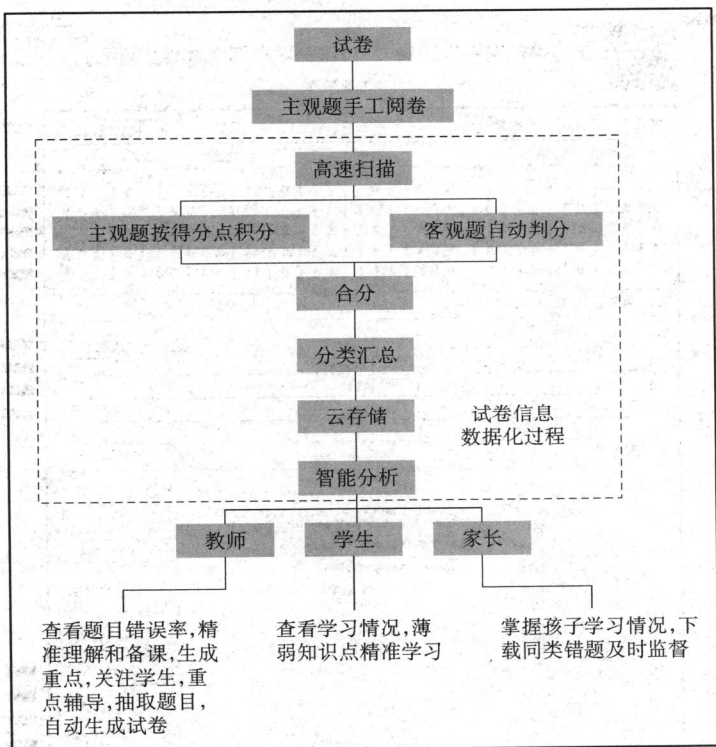

图 5.1.9　试卷信息数据化流程图

3. 功能介绍

本系统以一个教室配备一台机器的模式为例,将教师、学生、家长这三个群体紧密连接起来。

(1) 智能扫描

系统支持批量扫描阅卷功能,扫描仪扫描的同时即可阅卷出分。识别过程中,无论试卷正置倒置,正反或前后顺序凌乱都可进行自动纠正,并且实时自动检测试卷折角现象。本系统支持考生答卷个人信息的自动校对,自动检验错填的考生信息,灵活处理学生考号多涂、漏涂、错涂和考号填写重复等情况,确保阅卷结果的正确性。该系统支持异常填涂学生筛选功能,并可集中、分类、批量处理。

(2) 阅卷分析

教师:登录教师账号,试卷客观题自动识别,分数统计 0 秒完成,1 秒推送;

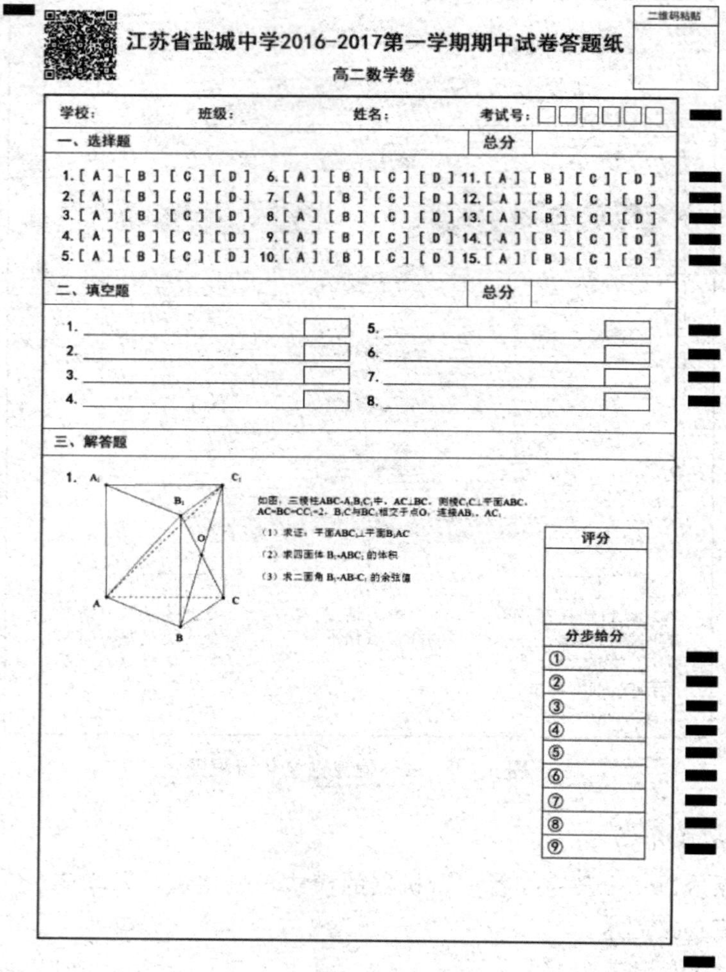

二维码粘贴

江苏省盐城中学2016-2017第一学期期中试卷答题纸

高二数学卷

学校：　　班级：　　姓名：　　考试号：□□□□□□

一、选择题　　总分

1.[A] [B] [C] [D]　6.[A] [B] [C] [D]　11.[A] [B] [C] [D]
2.[A] [B] [C] [D]　7.[A] [B] [C] [D]　12.[A] [B] [C] [D]
3.[A] [B] [C] [D]　8.[A] [B] [C] [D]　13.[A] [B] [C] [D]
4.[A] [B] [C] [D]　9.[A] [B] [C] [D]　14.[A] [B] [C] [D]
5.[A] [B] [C] [D]　10.[A] [B] [C] [D]　15.[A] [B] [C] [D]

二、填空题　　总分

1.　5.
2.　6.
3.　7.
4.　8.

三、解答题

1. 如图，三棱柱 $ABC-A_1B_1C_1$ 中，$AC\perp BC$，侧棱 $C_1C\perp$ 平面 ABC，$AC=BC=CC_1=2$，B_1C 与 BC_1 相交于点 O，连接 AB_1、AC_1

（1）求证：平面 $ABC_1\perp$ 平面 B_1AC

（2）求四面体 B_1-ABC_1 的体积

（3）求二面角 B_1-AB-C_1 的余弦值

评分

分步给分

①
②
③
④
⑤
⑥
⑦
⑧
⑨

图 5.1.10　系统标准答题卡

主观题可通过老师人工阅卷后进行扫描识别，以老师的“√”和“×”来进行评分。如果答题卡出错，会显示出相应的错误提示信息。同时能实现考生答卷的电子化功能，即将考生答卷以图片的格式保存在服务器，供客观题识别校验和主观题网上评卷使用。

学生：登录学生账号，通过大数据分析，成绩即时推送，学霸解析随时请教，你离加一个段位还差多少 EXP?

家长：随时可通过学生账号知道学生学习成绩、获取分析报告。

（3）量化统计

提供成绩的平均分、及格率、优秀率对比，为学生的成绩评估提供依据、直观浏览各个考生总分、各项大题得分、各项大题的总平均分、班级平均分及排名情况。

图 5.1.11 系统界面功能介绍——量化统计

（4）数据分析

教师可更直观浏览各个学生成绩，生成各类报表，查询各个分数段统计结果、各个学生的答题情况、进行多个学期的对比，对学生的错题有精准分析。学生的数据分析不止教师、学生可查看，家长也可查看，方便家长随时掌握学生的学习情况，系统不仅有错题分析，还可生成相关的错题集、相似题集合，为学生精准提分提供更智能化的道路。

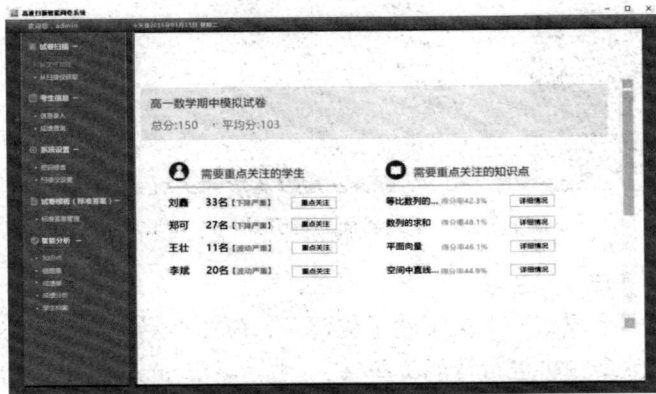

图 5.1.12 系统界面功能介绍——成绩分析

（5）错题集成

根据错题情况，利用大数据分析对易错知识点进行整理，实现错题试卷、知识点的整合，并通过对薄弱题目频率的统计，可重复出易错相似题，加强练习。

图 5.1.13　系统界面功能介绍——学生档案

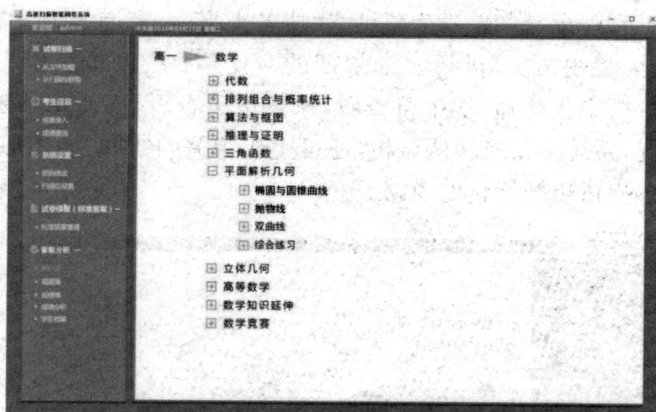

图 5.1.14　系统界面功能介绍——知识点

（6）精准教学

教师：对学生成绩的学情了然于胸，高错、薄弱点定向突破，学生学情即时追踪，根据大数据分析进行智能备课。

学生：学习成绩精准分析，错题整理快人一步，提分计划个性定制。

家长：学生习题的薄弱点早知道，高频错题随手下，通过本系统，精准提分。

（7）课堂教学

教师：自动生成个性化学业分析数据报告，教师可以根据成绩的数据分析快速调整教学方案，精准指导教学，因材施教。

学生：个性化的数据报告指引薄弱知识点，针对薄弱项各个击破，精准学习让课堂效率事半功倍。

（8）课后练习

教师：本系统通过大数据，随时统计每份作业、考试的知识点掌握情况，针对学生薄弱的题目定制课后练习，从此摆脱标准教辅的束缚。

学生：优生吃不饱，差生做不完。本系统根据每位学生的知识点掌握情况生成个性化精题练习。

（9）数据安全

可保留所有扫描记录及异常记录，可随时调阅查看，当因断电等异常情况软件关闭时，再次启动软件后，不影响试卷的识别、处理及阅卷的数据不丢失。

（二）产品优势

1. 海量题库

目前，已经和江苏凤凰教育出版社及学科网的题库签订合作协议，从而方便教师进行学科题目的采摘，建立海量题库，让老师出卷不再困难。

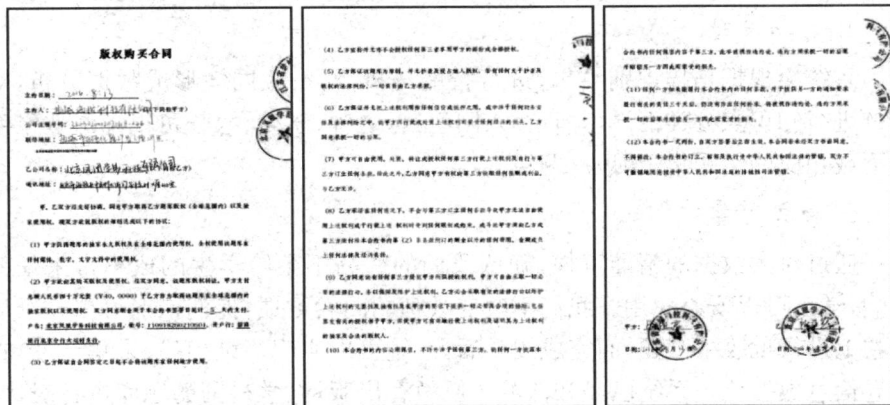

图 5.1.15　与凤凰出版社签订协议

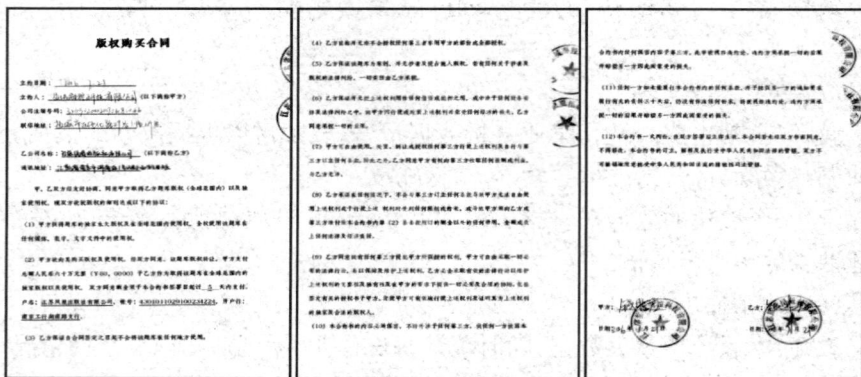

图 5.1.16　与学科网签订协议

2．使用方便、实用性强

本产品是系统软件，只需要扫描仪和网络客户端就可以使用，不需要任何其他辅助设备，不需要特定环境，安装即用。本系统可以屏蔽考生的所有信息，充分地保证评卷的客观、公平及准确，本系统通过大数据提供客观公正性保证、误差控制机制。同时本系统还会进行统计分析，通过大数据分析来反映学习的真实状况，并根据分析的数据情况，智能化地推送信息。

3．批改快速

以班级为单位，每位同学完成随堂考试的答题卡填涂，通过我们的系统可立即进行批改，同时进行智能分析与大数据分析。

4．分析及时

系统会根据扫描识别结果，进行智能分析，对每位同学形成数据分析，对错题进行知识点分类汇总，并且存入阿里云，老师、学生、家长可以随时登录系统下载相应的错题集、知识点题目。

5．数据可靠

通过对大数据的精准审核，确认我们的产品不会给学生的成绩带来任何影响，学生可以安心使用。我们不改变教师的阅卷习惯，他们依旧可以在纸质试卷上进行批改主观题；而完成阅卷后，系统可以实现一键扫描、采集试卷，将试卷信息数据化。系统已经和江苏凤凰教育出版社、学科网的题库进行对接，从而方便教师进行学科题目的采摘，让老师出卷不再变得困难。

6. 高速扫描

我们的高速扫描使用的是虹光扫描仪,虹光扫描仪速度单面 25 ppm(A4,黑白模式,200 dpi;A4,灰度模式,200 dpi;A4,彩色模式,200 dpi),识别率达到每分钟 45 张,比平常扫描仪快 5 倍,我们软件的识别速率基本同步。

7. 平台应用个性化、操作便捷

本系统可以应用于高中、初中各类中学及教育机构,本系统软件的系统界面清晰,易于操作;评阅试卷界面整体和谐,不会使阅卷老师轻易疲劳。一目了然的手机端界面,使学生、家长在查阅成绩的同时,方便快捷。

(三) 产品服务

本系统功能包括知识点的整理、同类题推荐、错题集等功能;提供免费的系统升级与维护服务,持续完善系统的界面与功能;在接到故障通知后,将在 2 小时内做出响应,现场维护和提供技术支持,同时工程师可进行远程维护及维修,并在修复过程中进行技术介绍和指导。还可以通过邮件、电话等方式与技术人员交流,解答用户在使用中碰到的技术问题。我们还会在保修期内定期访问用户,了解使用情况并对系统进行维护。

为使系统更好地服务于学校和教育机构,我们派专业的工作人员与客户交流沟通,介绍本系统的各项功能及使用方法,做到客户满意,行业信任。

该系统运行、维护与管理已不再是繁琐的负担,而是转化为我们的优势,在组织战略中发挥越来越大的作用,系统运行水平的高低直接关系客户的投资回报,因而也是我们项目工作的最终目标。作为服务型企业,在产品交付验收之后,以行业的责任心与对自身产品、技术的信心为基础,为客户定制并提供长期服务。

(四) 价值评估与用户反馈

目前我们合作的中学有南莫高级中学、上冈高级中学、滨海高级中学、紫石中学。南莫高级中学在校生 3 000 余名,用户为 1 185 名;上冈高级中学在校生 2 400 名,现用户为 772 名;滨海高级中学在校生 11 400 名,现用户为 3 658 名,紫石中学在校生 2 100 余名,现用户为 641 名。所以,预计 2017 年单个学校增幅 5%,行业增幅 50%,用户量达到 9 854 名;预计 2018 年单个学校增幅 8%,行业增幅 100%,用户量达到 14 188 名;预计 2019 年单个学校增幅 15%,行业增幅 200%,用户量达到 24 474 名。

表 5.1.2　部分中学使用平台的情况

	单个学校增幅	南莫高级中学	上冈高级中学	滨海中学	紫石中学	行业增幅	合计
2017 年	5%	1 244 人	811 人	3 841 人	673 人	50%	9 854 人
2018 年	8%	1 344 人	875 人	4 148 人	727 人	100%	14 188 人
2019 年	15%	1 545 人	1 007 人	4 770 人	836 人	200%	24 474 人

1. 价值评估

使用本产品后,可以提高工作效率,节省人力资源,分阶段初步占领市场,截至 2017 年 5 月第一年用户量达到 6 256,累计下载次 29.27 万次,年销售收入约 170 万元,市场占有率为同行业的 5% 左右。

2. 用户反馈

本系统就是以学生发展为主,充分挖掘考试教育信息的分析方式,这比简单地追求考试高分更符合人文主义教育关怀的价值取向。该产品经南莫中学初步试验,发现本系统对于教师而言,在课前就可以为教师形成教学诊断报告,让课堂教学更精巧,课后根据系统统计分析的情况,教师可以针对多份试卷进行组合查询,将错误率较高的题目快速放入下次练习,对于学生而言,可以为学生自动形成错题本以及智能推送个性化课程学习包,使学生学习更加灵巧。对于家长而言,可以获取孩子学习过程,家校互通更加便捷。

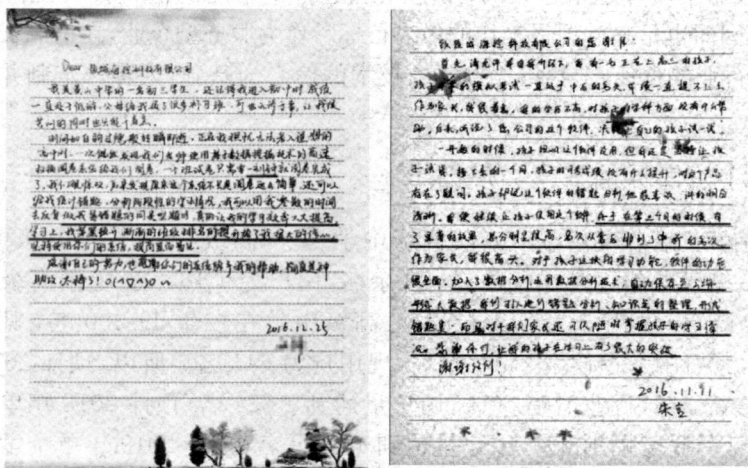

图 5.1.17　用户反馈信

第二节　移动式多功能户外照明自动检测系统案例

项目获奖：第四届中国"互联网＋"大学生创新创业大赛江苏省赛二等奖

团队成员：丁赟、沈运哲、陈静、陈泽、张宇、孙可、田子洋

团队指导老师：刘艳、尤源、秦大为

项目概况

（一）产品介绍

　　道路亮化工程是每个城市的形象工程，现在每个地级市都已达到几十万盏路灯，比如南京 34.6 万盏，扬州 29.8 万盏，盐城 30.6 万盏。据调研，道路照明效果直接关系到交通安全，比如两盏路灯之间最暗，路灯正下方最亮，这样易形成道路明暗斑马线，驾驶员长时间在这样的道路开车，眼睛会疲劳，会导致交通事故，特别是隧道口事故率更高。另外，道路中的 LED 电光源的光衰特别严重，一般户外光源光通量下降到初始的 70％，光源就需要更换，因此每隔 1—2 个月就需要对道路中的电光源进行测试。

1. 传统测试方法

　　国家标准中对户外道路照明检测利用网格法进行测试，如图 5.2.1 所示。即在两盏路灯之间沿道路纵向和横向每隔 1—2 米画一个点，再利用照度计、亮度计进行测试。

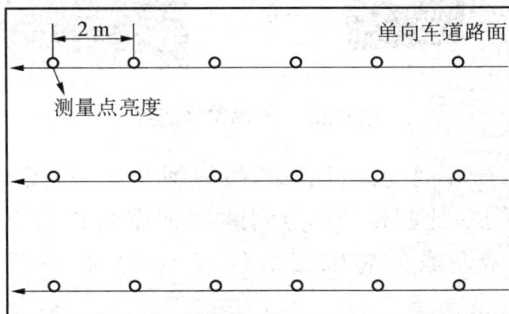

图 5.2.1　国家标准中道路亮度测试方法图

　　这种方法耗时长（每盏路灯需要测试 40 分钟以上）、效率低（人工测试和记录）；通常需要 4—5 人，人员成本高；交通危险系数高；城市照明维护中，测试工作量巨大。目前有些厂家利用瞄点式亮度计或成像亮度计进行测试，也同样存在着交通安全隐患等问题。

　　2. 移动式多功能道路照明自动检测系统

　　基于上述考虑，本项目根据国内和国际标准（EN13201—2015 和 CJJ45—2006），设计了一种可车载（放置在汽车引擎盖上）、机载（放置在无人机上）或任何一种移动装置的自动道路照明测试系统，可快速测试道路照明平均亮度、亮度均匀度、平均照度、照度均匀度、电光源色温等项目的检测。测试对象除了路灯，还有道路两侧的电子广告牌、LED 显示屏以及建筑物灯光带。测试项目设计道路照明照度、亮度、显色指数、色温、色坐标，以及眩光等光污染项目。

　　本产品硬件部分包括传感器和检测模块、无线通信模块、续航电池等，软件部分包括数据处理、查询数据库、测试报告生成模块等，如图 5.2.2 所示。

图 5.2.2　产品实物照片

　　在车速 50 千米/小时匀速行驶下，按照图 5.2.3 和图 5.2.4 分别对快车道和慢车道进行测试，比起传统单点测试，本产品可连续测试，测试效率高。并且测试完 1 千米左右的整幅路面仅需 10 分钟，并且数据精准，准确率高。

图 5.2.3　双向慢车道测试图　　　　图 5.2.4　单向快车道测试图

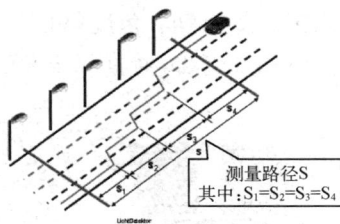

3. 核心技术

(1) 精确定位,定位精度为 ±1 cm;

(2) 在户外复杂环境下高精度测试;

(3) 快速数据采集和处理电路(10 次/秒);

(4) 复杂环境高可靠性无线传输;

(5) 户外测试数学模型构建和软件系统实现。

4. 产品特色

(1) 用先进科学方法解决行业痛点;

(2) 变固定检测为在线流动检测;

(3) 保证了被测道路的通畅性;

(4) 变固定时段检测为随时监测。

图 5.2.5　产品的四大突破

5. 产品测量原理

通过自主设计的照度传感器、色度传感器、GPS 定位模块,在户外复杂环境下采集照度、亮度、色度等信号,再利用自主开发测量的主机将采集的信号进行分析和处理,再通过无线发射系统分别发送给移动终端或服务器。

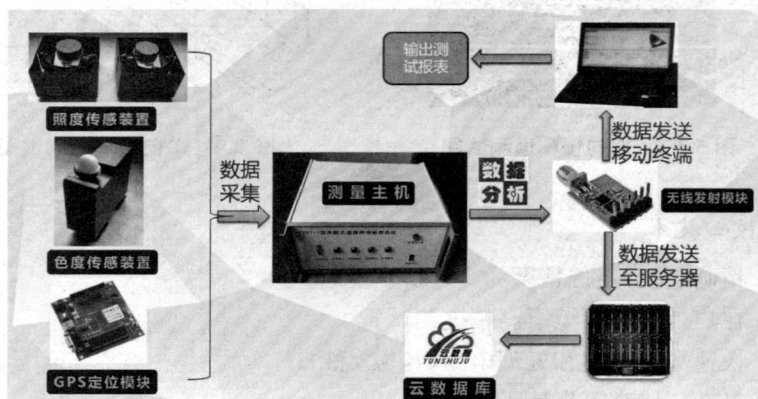

图 5.2.6　产品原理示意图

(二) 市场分析

与本产品相关的同类产品目前主要是室内检测设备,比如积分球、分布光度计。而户外检测环境复杂,室内检测结果与道路实测结果差异较大。目前市场上户外检测设备主要有照度计、亮度计、成像亮度计。盐城市宇恒智能设备有限公司所研发的车载式和机载式道路照明测试系统,可连续测试,测试效率高,数据精准,省时省力,市场并未见成熟产品,属于国内首创,对于路灯检测行业可谓是里程碑式的进步,有国家发明专利和科技查新报告为证。

目前产品成熟,有专业的技术检测报告,已在无锡路灯管理处、苏州路灯管理处、宁波路灯管理处试用,部分公司已签订合同。近期还与盐城路灯管理处进行合作,产品的优势让所有用户赞不绝口,有长期与公司合作的意向。本产品与人工测试结果比对,精度高、重复性好,用户意见良好。更有湖南省附属路灯管理处驱车千里至公司考察产品,并有极大的合作意向,具体事项还处于洽谈中。

(三) 商业模式

将产品可提供给全国各地路灯管理处、照明灯具施工方、第三方检测机构以及政府市政管理部门使用。

商业模式采用现场服务式,公司技术人员到现场为客户演示人工检测和快速测试结果,让客户感受测试方法的优点。实际操作中,利用国家标准进行人工布点再通过照度计和亮度计测试时,夏天有蚊虫高温、冬天有严寒等困扰,绝大多数测试工作都是虎头蛇尾,草草收工。而对于数量如天文数字的路灯,让测试人员望而却步,一般简单的抽测几盏路灯而已。但这种方法不能实际评估整条道路的照明水平。一般都是通过外包给第三方检测机构,如上海市区内重点路段的道路照明测试外包费用达 500 万元。因此我们结合路灯行业的全国照明金杯奖评选,到现场测试比对,扩大知名度,让用户切实感受我们的自动化测试仪器使用的便捷和高效。

该产品不仅服务各地路灯管理处、照明灯具施工方、第三方检测机构以及政府市政管理部门,还将仪器销售给计量部门,获得计量部门的认可,我们的产品即成为业界标杆,使市场更认可我们的产品。

(四) 盈利预测与融资方式

1. 融资方式

团队已具备成立公司的所有技术条件,已销售 100 万元。目前已成立盐城市宇恒智能设备有限公司,注册资金 100 万元,通过银行贷款和自筹资金等方式进行融资 500 万元。并且接受股权融资,通过增资扩股,让投资人入股,对公司未来发展壮大有极大优势,能够使公司迅速在全国各地成立分公司,占领市场,做大做强。

2. 盈利预测

（1）初期

道路照明快速测试系统以及智能平台的市场推广,前期通过与各地路灯管理处合作,在各地使用此产品,以便让更多的消费者认识到此产品的优势。与合作企业共同开拓市场,逐步走出本市,走向江苏,走向全国。此阶段以人际关系网络为盈利主要方向,以打开市场为目标。

（2）中期

继续研发新产品,深入推广产品,将产品推向市场,可采取在视频网站登广告、发传单、印制巨型海报等宣传方式。逐步向省外市场拓展并推向全国,努力使本产品成为照明路灯检测的首选品牌。此外,加大产品研销力度,增强拓展产品功能、降低产品成本。在这个时期,本团队已有一定的经济实力和知名度,在稳定产品销售和巩固现有市场的同时,努力扩大市场范围和行业领域。侧重于增强后市场服务,加强软服务。完善我们的 APP 其他功能,使它从一个简单的预测和显示功能,成为便捷的线上交易平台,实现长期发展。此阶段在市场中能够站稳脚跟并且有快速发展的趋势。

(3)后期

团队发展 3 年以后,市场上的竞争将更加激烈,消费者的需求也是动态变化的,运用数据分析挖掘能力,了解客户的新需求,从而开发新的服务产品和开辟新的市场,此阶段的市场策略以品牌化战略为主。积累了大量用户使用信息,为客户定制相应的服务,树立良好的品牌形象。本产品通过良好的技术服务优势,形成新的产业链,利用新的技术服务,提升品牌形象,引领行业技术走向,成为领航者。此阶段实现稳定的盈利,并呈现持续上升趋势。

项目起源

(一) 产业背景

随着我国城市化的迅速发展,道路照明工程的施工、管理、检测工作量也随之增加。在城市道路照明技术领域,照明电器的验收测试是保证施工质量、提高城市道路照明水平的一个重要环节,也是完成公路交通"畅通、高效、安全、绿色"的重要步骤。

很多国家采用布点检测的方法,用亮度计和照度计对路灯进行逐点检测,但是采用布点的方法测得的亮度、照度数据并不能真实地反映机动车驾驶人员的视觉感受,同时它的测量过程比较繁琐冗长,不能有过往车辆干扰(因为亮度计必须摆放在车行道上,另外车的前灯也会影响测量精度),所以需要封闭道路,这在车流量很大的道路上几乎是不可行的。因此,传统的测量方法耗时长,效率低。

根据《城市道路照明设计标准》(编号为 CJJ45—2006),提出了研制适合我国城市照明工程质量验收特点,并能有效解决验收自动化和便捷等问题的道路照明快速检测系统项目,以推进城市道路照明行业的科技进步和技术创新,不仅能够加强路径诱导作用,提高夜间道路行驶的安全性能,有效减少事故发生,而且能够改善和提高我国城市照明工程验收的质量和效率,提高公路出行水平和交通服务水平。

该项目产品的产业化前景很好,主要用户对象是为数众多的路灯管理部门、大型灯具生产企业、高速公路等,市场前景广泛,经济效益显著。我国现有城市路灯管理部门已超过 1 000 家,若考虑大型灯具生产厂家市场前景更加广阔,具有良好的经济和社会效益。

基于以上考虑,2018 年 1 月份,我们研发团队,集合自己的专业特长启动了"道路照明快速测试系统"这个项目。

(二) 市场状况

作为城市照明的主体,城市道路照明伴随着我国城市建设的高速发展,获得了快速的增长。国家统计局数据显示,从 2004 年至 2015 年,我国城市道路照明灯数量由 1 053.15 万盏增加到 3 000 万盏以上,年均复合增长率超过 11%,城市道路照明行业保持持续快速发展的趋势。中国城市道路照明灯增速十分迅猛,中国市场调研在线发布的《中国路灯市场调查研究与发展前景预测报告(2017—2023 年)》认为,近几年,随着中国路灯 LED 改造工程的开展,中国 LED 路灯的渗透率在不断提升。2012 年中国 LED 路灯市场的渗透率为 4.21%,2013 年达到 8.02%,2015 年为 14.7%。截止到 2015 年,中国 LED 路灯市场渗透率超过 20%。根据 CSA Research 测算,预计到 2020 年,渗透率将提高到 39%。未来随着智慧城市的进一步推进以及 LED 路灯渗透率的提高,智慧路灯未来发展空间巨大,与此同时,对道路检测系统的要求也就越来越高。

《中国路灯市场调查研究与发展前景预测报告(2017—2023 年)》针对当前路灯行业发展面临的机遇与威胁,提出路灯行业发展投资及战略建议。以严谨的内容、翔实的分析、权威的数据、直观的图表等,帮助路灯行业企业准确把握行业发展动向,正确制定企业竞争战略和投资策略。

随着国家亮化工程开展,江苏省的城市如无锡市、苏州市、扬州市、南京市等正在实施路灯改造计划。大市地区均已超过 30 万盏路灯,一部分需要更换成 LED 绿色照明光源,一部分因老化严重需要更换新的传统光源。这些都需要户外在线检测。因此,如果考虑江苏省乃至全国的路灯,本产品的市场需求量巨大。不仅全国的路灯管理处需要该产品,同时电光源生成企业也需要快速测试系统供企业研发过程中用来检测路灯实际照明效果。

(三)竞争环境

道路照明企业目前仅在户内检测开发了一系列的检测仪器,如积分球、分布光度计等。而户外检测还是手工利用照度计和亮度计来测试,户外检测产业仍处于起步阶段。

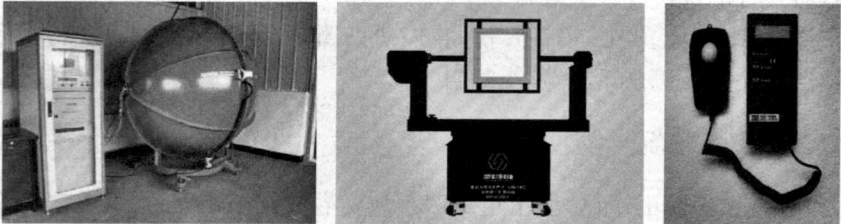

图 5.2.7　同类产品图

纵观市场并未见成熟产品,我们的产品拥有自主专利证书,属于国内首创,更新了传统检测方法,为照明检测行业里程碑式产品,可连续测试,测试效率高,数据精准,准确率高。

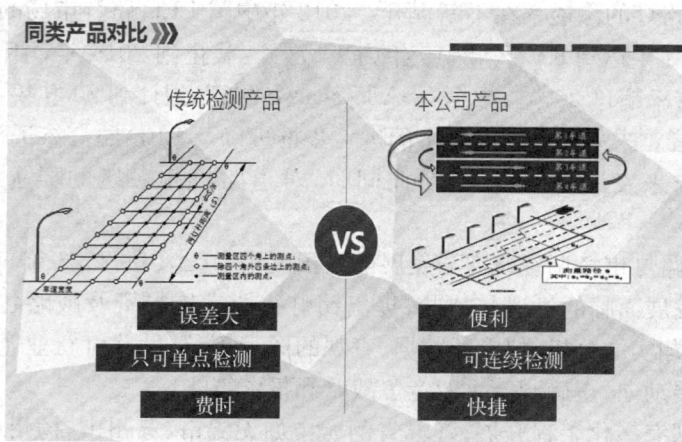

图 5.2.8　同类产品对比

(四)核心竞争力

领先的技术 ＋ 贴心的服务 ＝ 核心竞争力

核心竞争力是竞争对手在短期内难以模仿的能力,是未来产品在市场中取得竞争地位的核心能力。主要体现在两个方面:

(1)价格便宜。该产品售价仅需 19 万元/台,而传统检测方式费用高达上百万至千万。

(2)专利产品。该产品自主研发,拥有自主知识产权。

已经在多地路灯管理中心试用,获得客户的认可,希望与我们进行长期合作。在打开市场的道路上,公司已经拥有一定的消费对象以及构建了一定的人际关系网络,巩固公司在抢占市场方面的竞争力。

(五)产品的特点

本项目根据国内和国际标准(EN13201—2015 和 CJJ45—2006),设计了一种可车载(放置在汽车引擎盖上)的道路照明自动测试系统,该系统可在室外按照检测需求自动测试道路照明平均亮度、亮度均匀度、平均照度、照度均匀度以及电光源的色度和色温,同时我们也解决了汽车行驶中产生的电磁干扰,以减少结果误差,增强检测结果的精确性和准确度。本产品硬件部分包括传感器和检测模块、无线通信模块、续航电池等,软件部分包括数据处理、查询数据库、测试报告生成模块等。

相对于传统的检测方法,本产品具有测试效率高,测试精度高,使用成本低廉,顺应当今社会的要求,符合智能、高效、快捷等特点,成为当前行业里程碑式产品。

(六)专利与发表文章

丁赟.机载式道路照明检测系统.专利号:ZL.201820704787.3.

秦大为.车载式道路照明自动检测系统.专利号:ZL.201010138118.2(已转让给盐城市宇恒智能设备有限公司).

陈波,朱佳南,陶俊,陈尚智,尤源,秦大为.车载式路灯光谱检测系统的设计与应用.灯与照明,2013,37(4):46-48.

赵明,朱佳南,陶俊,陈尚智,尤源,秦大为.基于 CCD 传感器的车载式路灯光谱检测系统.中国照明电器,2013(12):33-35.

刘艳、秦大为指导学生参加江苏省大学生物理实验作品创新大赛,获得二等奖。

市场调查及竞争分析

(一) 市场现状

作为国家信息消费和智慧城市试点城市,盐城市已成为江苏省数据资源的快速集聚地。从民生角度看,盐城市服务业吸纳就业能力持续增强。随着大众创业、万众创新深入推进和市"创新十条""富民十条"政策加快落实,服务业创新创业持续活跃,成为新增市场主体的主力军。全市全年新增服务业个体工商户 6.93 万户,占全部新增个体工商户的 92%,服务业个体工商户总数达到 38.96 万户;新增服务业登记注册企业 2.93 万户,占全部登记注册企业的64.4%,服务业企业登记注册总数达到 10.45 万户。服务业吸纳劳动力的作用进一步增强,2017 年,全市第三产业吸纳从业人员 177.4 万人,服务业从业人员占全部从业人员比重达到 40.2%,成为吸纳就业的重要渠道。服务业税收对盐城税收收入的贡献依然占据半壁江山。2017 年,全市服务业税收收入达到 245.9 亿元,占全市税收收入总量的 51.03%。

(二) 市场容量

就市场容量来讲,国内同类型的上市产品凤毛麟角,其他竞争产品还处于研发阶段,具体的上市日期还远没有确定,因此市场容量此阶段较大。

据统计,全国拥有超过 1 000 家路灯管理处、2 000 家左右照明施工公司、各地的第三方检测机构以及各地政府市政管理部门。以产品 19 万元/台来计算,该项市场份额远超 6 亿元。若销售高端检测设备(增加了色度检测装置),售价为 39.6 万元/台,该项市场份额将超过 11.88 亿元。亦或是销售道路照明检测车,售价为 60 万元/台,该项市场份额将远超过 18 亿元。

(三) 预计销售份额

表 5.2.1　销售份额预测表　　　　　　　　　　(单位:万元)

2018 年	2019 年	2020 年
50.0	200.0	1 000.0

（四）竞争对手分析

现有的电光源测试技术，如积分球、分布光度计等，都是属于价格昂贵的大型仪器，仅适用于室内检测。目前国内外户外道路照明检测设备主要有成像亮度计、瞄点式亮度计、照度计和亮度计，而车载式或机载式道路照明快速测试系统除了本课题组无相关产品报道。

传统检测产品，测试程序繁琐，耗时长，精确度低，且影响交通带来安全隐患。相较之，本公司产品解决了这一系列问题，通过车载式和机载式两种方法，测试便利、快捷，通过单片机收集各测试仪器的数据生成检测报告，精确度高，省时省力并极大地规避了造成交通事故的可能。

（五）产品的优劣势分析

1. 优势

（1）目标消费群体巨大，市场发展潜力大。本公司主要面对的是路灯管理部门，目前我国的城市路灯管理部门已经超过1 000家，并且仍呈增长趋势，这给我们公司提供了稳定而庞大的消费群体。

（2）优质的服务，树立良好口碑。本公司本着"左右良心产品，服务广大民众，担起社会责任"的优良作风，保证服务质量。

（3）与学院合作，利用学院原有的实验器材，减少成本投入，同时利用学院相关方面的技术，缩短产品的更新周期。

2. 劣势

（1）经验不足，内部管理存在多变因素。我们刚开始做这一行，而且作为学生，经验肯定是有所欠缺，自身能力还有待提高。

（2）前期利润较低，成本回收周期比较长。

发展战略

（一）商业模式

就市场现状而言，我团队前期将目标市场锁定在以下两类：集团用户和相关计量部门。

1. 路灯管理处

路灯管理处是我公司前期的主要目标客户之一,路灯管理处有良好的市场资源。本公司因前期需快速打开市场,抢占市场份额,与路灯管理处建立合作共赢的业务关系。

我公司推广计划如下:

(1)先向路灯管理处免费提供测试服务,使其看到优势。

(2)与路灯管理处达成合约,提升我们自身的信誉度,让客户给我们提供更多的供货渠道,达到合作双赢的局面。

(3)通过路灯管理处树立我们的形象,优先抢占市场,避免被后来者抢占市场。

2. 相关计量部门

我公司推广计划如下:

通过相关计量部门的使用,增加产品可信度,为我们的产品做出了更可靠的支撑。

3. 照明灯具施工公司

各照明施工公司对自身工程没有相关可靠的检测设备,需要相关数据来设计照明方法以及验证方法的可行性。

我公司推广计划如下:

通过我们产品的检测以及与传统检测方法比对,用数据和效率说服施工公司,也为施工公司减少了返工的概率,节约了施工成本。

4. 各地政府市政管理部门

各地市政管理部门需要对城市照明设备进行定期检测,更换以及维护照明灯具。本产品提高了检测效率,也解决了其工作难点。

我公司推广计划如下:

为其定制服务,用贴心的服务以及极高的检测效率和检测精度,使其信任我们的产品,并与我公司长期合作。

(二)业务模式

1. 承接集团客户服务

本团队用诚信和互惠互利的理念,和集团客户展开深度合作,在保证产品质量的同时,为集团客户提供更多的技术支持,提高集团客户的出货量,给集团客户带来更多的利润,树立多元化、有特色的企业形象。

2. 为普通消费者提升客户价值

提供三包服务,确保产品质量。

高度重视对企业人员综合素质与能力的培养,加强对员工日常工作的激励、监督与管理,使其始终保持较高的工作质量与水平就显得至关重要。

(1)认真分析不同经济发展时期顾客需求的共同特点以及同一发展时期不同类型顾客需求的个性特征,并据此进行产品的开发与设计,增强产品的适应性,从而为顾客创造更大的价值。

(2)企业在制定各项市场营销决策时,应综合考虑构成顾客总价值与总成本的各项因素之间的这种相互关系,从而用较低的生产与市场营销费用为顾客提供具有更多的"顾客让渡价值"的产品。

(3)提供最及时的服务,树立企业及其产品在社会公众中形成的良好形象。

(三)盈利模式

团队采用产业互动盈利模式。初期以产品销售、和团队的合作为盈利点,中期以技术服务为立足点,依托产业互动,以优质的技术服务,和与相关企业的密切合作,根据客户的需求进行技术升级。后期通过 App 与消费者亲密互动,能及时了解到产品的不足。

(1)通过销售产品获取利润与企业展开合作,通过企业、网店等来销售本产品。

(2)通过手机 App 来获利,通过手机 App 的流量和广告位来增加利润。

(3)销售分线下销售和线上销售。线下销售环节主要采取自营与提供服务相结合的模式,实现低成本快速扩张。线上注册相关网站,通过淘宝、京东等平台打开销售渠道。

(四)战略控制

运用平衡记分卡来对团队的战略进行控制,从四个维度来进行分析,分别是学习与成长、内部运营、客户和财务。

1. 学习与成长

建立学习型企业,以不同的方式来建立学习型企业的文化,制定相应的学习制度,最终实现员工、团队的学习与成长,让学习能力成为员工和团队的重要能力之一。

2. 内部运营

确定团队内部运营的关键流程,如服务运营流程、资金流动流程、人力资源管理流程等,运用运筹学的优化知识,实现关键流程运行效率最优化。

3. 客户

在团队发展的不同阶段,集中团队的优质资源为其重要客户提供优质服务,实现客户价值的最大化。

4. 财务

财务上提高运营能力,最大限度地降低团队的运营成本,实现团队的健康快速发展。

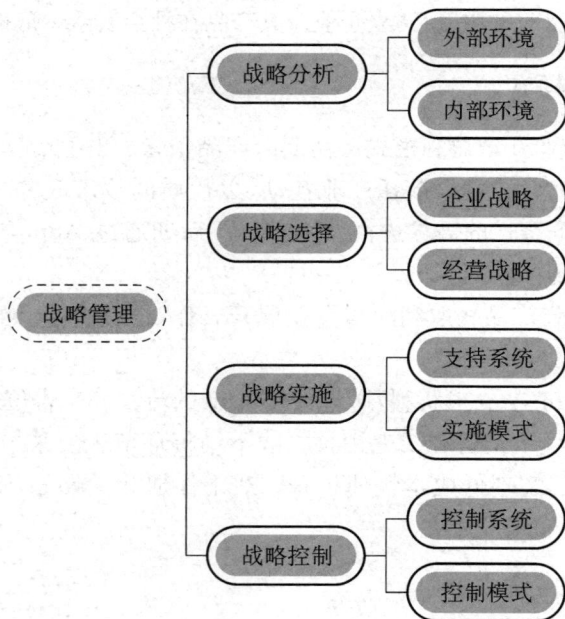

图 5.2.9　战略管理过程图

(五) 发展目标

团队的设立经过了充分的市场调研以及对于此项技术可行性的验证。团队以"减少环境污染,改善生活质量"为总体目标,按照"科技力求创新,产品力求最优,发展力求效率,企业力求诚信"的发展思路,充分发挥团队的作用,加大科技的适用力度,通过技术的加强、改善,使产品变得越来越好,让产品更安全,也可以减少人们的购买支出,让人们的支出尽可能的少,从而塑造自身的品牌,提升自身的品牌形象,提高产品价值,同时,简化道路照明检测测试方法,缩短测试时间,降低测试成本。

(六) 产品研发

1. 服务项目

道路照明快速检测系统在车速低于 50 km/h 速度下实时测量道路照明的平均照度、照度均匀度、平均亮度、亮度均匀度等指标,解决传统测量方法用亮度计和照度计在道路上逐点测量耗时长,效率低,交通危险系数高等问题。

技术原理:图 5.2.10 为道路照明检测车的检测系统原理框图。图中 1 为汽车,2 为照度、亮度传感器,3 为信号放大器,4 为 A/D 转换器,5 为计算机,6 为通信接口与无线发射模块、7 为 GPS 采集模块。

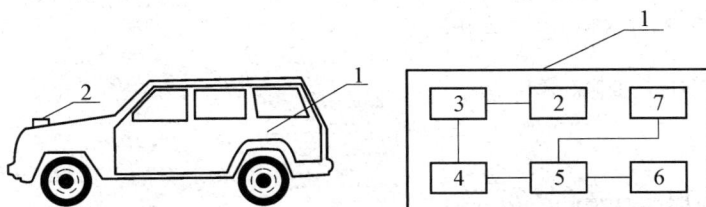

图 5.2.10 道路照明检测车的检测系统原理框图

检测时,当车辆以规定的速度(<50 km/h)沿待测道路行驶,汽车内的计算机即可接收到沿途由照度传感器所获得的所有照明信息并实时进行处理、分析、显示。同时,由卫星导航模块实时检测出汽车的准确位置。

实测时将两个照度传感器并排安装于小汽车前盖板上,间距 1 米。通过蓝牙技术联接数字照度计和汽车内的计算机,以便计算机准确、快速记录数据。卫星定位系统、信号处理系统及计算机均安置在汽车中。

本产品对每一盏路灯进行测试,利用 GPS 自动记录路灯的经度和纬度,同时也实时记录每盏路灯的照度和亮度信息。该信息与城市道路三维信息库 GIS 可以对接,完善其数据库的信息量,推动智慧城市的建设进程。后期我们将研发一种机载式道路检测装置。

2. 核心技术

本仪器采用直接测量道路路面的照度,利用下式计算出亮度。

$$I_{亮度} = \frac{\rho L_{照度}}{\pi}$$

式中:$I_{亮度}$ 为路面的亮度值;$L_{亮度}$ 为路面的照度值;ρ 为被测路面的反射系数。首先采用亮度计测出路面的亮度,然后采用标准照度计测出被测路面的照度,可计算出路面的反射系数 ρ。

营销策略

上市 1—2 年内,团队应树立好良好的品牌形象,以新颖时尚的外表和过硬的质量,周到的售后服务赢得消费者的良好口碑和信赖,同时通过投放广告等方式提高知名度。2—3 年内,团队应更加注重集团客户的推广,在保证销量的同时更不能忘记品质的提高,由线下逐步走到线上,通过淘宝等平台拓宽销售渠道。3 年以后应该注重销售的多元化,广告的普及,融资也要更加多元化,同时建立自己的品牌,逐步走出去。

(一)团队策略

1. 外部

(1)把握好品牌的定位。

(2)保证超频的质量。

(3)注重产品的外观,可根据需求定制。

(4)加强服务意识,确保产品的售后问题可妥。

2. 内部

(1)领导者平时多主动与团队成员进行沟通。

(2)定期与每位团队成员进行面谈。

(3)月度、季度或年度绩效评估。

(4)引导和疏通团队成员的不满情绪。

(二)价格策略

在团队发展初期,可薄利销售,赢得良好的口碑,依靠产品的新鲜与豪华,高品质，差异化，以中等价位进行市场渗透，获取高阶市场占有率，并可打击市场同级的竞争者，且完善相对的 VIP 制度。团队发展到一定规模，大量生产后可降低成本，与此同时，在销售的时候可吸引部分广告商投放制作优良的广告，对购买的商家免费试用。

后期，随着社会的发展，相关服务也随之而生，竞争逐步加剧，我们可以采取产品组合扩大需求，这也是有效的价格策略，通过扩展大量的需求，降低成本，通过价格的优惠争取业绩。

（三）促销策略

一开始，服务的采购会被视为有较大的风险，部分原因是买主不易评估服务的质量和价值。另外，消费者也往往受到其他人，如对采购和使用有经验的邻人或朋友的影响。而这种在购买决策过程中易受他人影响的现象，对于服务营销而言有比较大的意义，尤其是在服务的供应者和其顾客之间，有必要发展形成一种专业关系，以及在促销努力方面建立一种"口传沟通"方式。这两项做法，势必可以促使各种服务促销努力更有效率。

我们对此采取以下措施，首先向潜在客户免费推广此类产品，免费试用30天，同时，到道路进行实测，对比传统测试方法与本产品的测试精度，两者相对比，用最真实的数据说服客户，使其相信我们的产品，进而购买。

（四）客户关系管理策略

通过电话资料、客户网页浏览数据、来自合作企业反馈的客户资料，根据客户消费的频次和消费金额，挖掘客户资料，确定有价值的客户群，提供更优质的服务，定制更个性化的服务产品，培育忠诚客户。在大数据平台的基础上，进行数据分析挖掘，为重要客户需求提供产品，提升客户价值。产品质量是企业为客户提供有力保障的关键武器。没有好的质量依托，企业长足发展就是个很遥远的问题。

加强与客户的信息即时互通，在管理上最重要的是与客户沟通，提供知识信息，让企业的服务或营销人员控制协调好客户关系，传达好客户的要求、意见。多给客户提出一些管理上的缺陷，和你对客户所在市场的见解，让客户接受你的思维。这就需要企业员工要有较高的职业素养，对市场的敏感，以及丰富的管理技巧。当然，要注意不能忽视人际角色、信息角色和决策角色，不能干预客户更多的事情，除和客户正常的业务以外，不要掺杂其他内容，否则会影响客户关系。

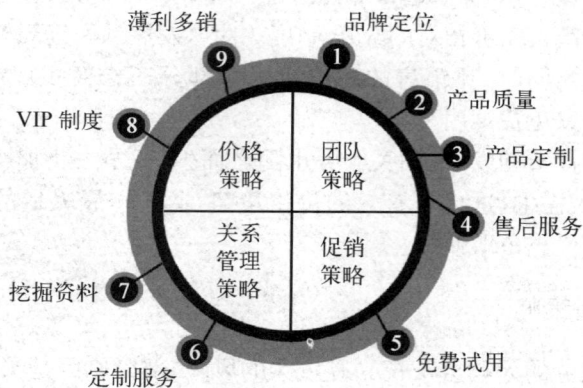

图 5.2.11　营销策略图

管理团队

（一）管理人员

表 5.2.2　管理人员表

		姓名	专业	职务
项目组成员	负责人	丁赟	新能源/电气工程及其自动化	项目总负责
		蔡鹏	新能源/电子信息工程	技术开发
		陈泽	物理学师范	产品介绍
		沈运哲	新能源/电气工程及其自动化	市场分析、营销策略
		陈静	新能源/电气工程及其自动化	风险分析、法律保护
		张宇	新能源/电气工程及其自动化	技术与服务
指导教师		姓名	所在学院	职务/职称
		刘艳	新能源与电子工程学院	技术指导/副教授
		尤源	新能源与电子工程学院	销售指导/副教授
		秦大为	国资处	总体设计/教授级高工

(二) 公司的组织架构

(1) 公司名称:盐城市宇恒智能设备有限公司

(2) 公司性质:有限责任公司

(3) 公司概述

盐城市宇恒智能设备有限公司成立于 2018 年,注册资本为 100 万元,是一家从事自动化成套控制装置系统、电子测量仪器、电子元器件、照明灯具、计算机及配件研究和销售、软件开发和销售的公司。公司与多家企业有着密切合作,在江苏多个大城市公共地点投入运行,并在多家电商开售,致力于将品牌以多样化的形式进行推广,将产品以更方便快捷的渠道送达消费者手中。

(4) 公司选址

公司成立初期,与学校达成租赁协议,入驻学校大学科技园。

(三) 公司文化

(1) 公司理念:绿色创新,质量为本。我们公司以绿色为宗旨,致力于把我们的产品打造成本领域领航者。我们的口号:追求创新、清洁能源和稳定的质量,从细节方面做起,在保证质量的同时,不断升级与改进,提高产品的科技含量。

(2) 公司精神:诚信为本,创新为魂。居安思危,自强不息。

(四) 主要投资人以及持股情况

股本规模:公司注册资本为 100 万元。股本结构:融资 500 万元,其中风险投资出资 340 万,占比 68%;学校投资出资 85 万,占比 17%;团队成员出资 75 万,占比 15%。

风险投资方面我们打算与多家风险投资共同入股,以利于投资和化解风险。

财务分析

(一) 财务假设与说明

团队执行企业会计准则,会计年度为 1 月 1 日至 12 月 31 日。固定资产折旧按直线法计算,按平均 5 年计提折旧。团队无形资产按直线法摊销,预计摊销年限为 10 年。团队享受高新技术服务企业的税收优惠政策,预计所得税减按 15％征收。

(二)主要财务报表

根据产业政策、价格政策、信贷政策、分配政策、税务法规、财务法规、金融法规等,并从企业的行业性质、组织形式等方面分析企业的财务对政策法规的敏感程度,以合理揭示经济政策调整及法律法规变化对企业财务状况与经营业绩的影响,以此对企业 2018—2020 年的指标进行合理预测。根据对市场的调查和相关企业达成的合作意向,合理预测销量得出销售产品的收入。团队运营第三年,逐步开始进行数据信息分析,综合相类似产业的各种指标分析后,得出信息交易的预测;广告收费和入驻服务费是通过客户量和客户使用频次合理推测出平台流量后,根据目前市场预测。

第三节　易木微循环景观绿色扶贫项目案例

项目获奖:第四届中国"互联网＋"大学生创新创业大赛"青年红色筑梦之旅"赛道国赛铜奖

项目成员:陈书森、张俊、钱丹琴、陆玉、陈琴

项目指导老师:葛永锋、戴勇、滕秀夫

📎 项目概况

易木景观绿色扶贫项目,是以向城市"灰空间"提供景观产品,从而带动方东村残次苗木销售,并且高效利用种植土地以增量的方式达到精准扶贫的大学生创业项目。

方东村是抗日战争时期新四军一师的战略后方,是红色文化的传承点,是东台市有名的苗木之乡(图 5.3.1)。该村主要经济来源是依靠大型苗木的销售,然而残次苗木率达 3.2％(图 5.3.2),残次苗木无法出售且土地利用率较低,所以方东村的经济效益低下。为了解决这一问题,公司收购长次苗木并采用林间间种模式,利用土地间隙,在大型乔木间种植小型灌木,使每亩土地增

产苗木 600 多株,苗农门在原有产量的基础上增产一倍,同时公司购买方东村残次苗木 93 500 株以及增产灌木 174 000 株,为方东村苗农共计增收 1 327 000 元。结合自身环境设计专业,设计成优质景观,为城市"灰空间"打造新面貌。

图 5.3.1　红色文化

图 5.3.2　残次苗木

2015 年易木团队成立易木艺术设计工作室,将绿化项目落地实施。完工的盐城东亭路、红兰路建筑"灰空间"绿化工程,得到了政府的肯定。被作为"东台市城市绿化试点工程",在政府间形成一定影响力,向全市及全省推广,形成了由点到面的发展模式。2018 年,工作室转型为易木艺术设计有限公司,目前已成功实施 3 个项目,1 个项目正在进行,并且已与东台市雅客居物业以及东台市清华幼儿园签订绿化协议。已完结的 3 个项目绿化总面积达 55 400 平方米,投入苗木 26 万株,贫困苗农每户每年可增收 4 000 元,公司三年营业额达 377.6 万元,公司高效的帮扶措施吸引了方东村周边 9 个村庄与公司签订苗木意向协议。未来,公司将帮助周边村庄 560 户村民,种植 87 万株苗木,利用这些苗木制作景观绿化项目,预计为村民增加 560 万收益。

项目运行至 2018 年已使得 23 户家庭成功脱贫,从原来的人均收入 800 多元达到现在 2 850 元,剩余 19 户家庭,公司预期一年内能帮助他们完全脱贫,达到正常生活水平。

公司还将景观设计融入到乡村建设中,大力发展园林种植,成功帮助方东村取得了东台市"最美乡村"的称号,为方东村乡村旅游的发展打下坚实的基础。公司帮助方东村打造的特色景观,吸引了大量游客,增加旅游人数 20 万人次,间接帮助每一户村民都真正富起来。

项目缘起

(一) 方东村现状

东台市新街镇方东村地处盐城的东南角,位于南通的海安(角斜镇)北面,距离东台市区 50 千米,距离沿海高速三仓出口 20 千米。方东村主要以女贞、紫薇等大型苗木产业种植为主,耕地面积 3 838 亩,林业种植面积 2 816 亩,现有村民 760 户,人口 2 136 人。方东村苗木资源丰富,与周边村及黄海森林公园连成江苏沿海的绿色长廊,形成华东地区最大的人工森林。

方东村的经济来源主要依靠苗木销售,但受地理位置、光照、水分等因素的限制,残次苗木率达 3.2%,部分苗木达不到销售标准,一直处于滞销状态,造成了极大的资源浪费。

近几年苗木市场不景气,苗木需求量不高,方东村苗木卖不出去。年轻人为了更好地挣钱养家,大都外出务工,且方东村土地利用率不高,导致村子日渐贫穷,目前仍有 19 户贫困家庭需要精准帮扶。

(二) 城市绿化现状

城市绿化指在城市中植树造林、种草种花,把一定的地面(空间)覆盖或者装点起来,栽种植物以改善城市环境的活动。目前中国 283 个地级市以及 374 个县级市中仅有南京、大连、深圳、厦门等不足 20 个城市绿化率达到 30%以上,其余城市均低于国家绿化率指标。

加快城市绿化建设是现代化城市发展的内在要求,现阶段我国城市园林绿化存在的问题主要是城市绿化面积总量不足以及规划单调、景色单一。现阶段,在城市规划建设中,绿地预留面积的比例较低。尤其是城市中心,建筑用地较多,绿化比例小,周边地区也没有形成以树木为主的绿化隔离带,只是简单的"见缝插绿"。现有的绿地及设施已经不能满足人们的需求,无法为城市居民提供真正的便利,导致园林绿化的发展受到了极大的限制。部分城市还没有意识到园林绿化的重要性,出现随意侵占绿地和改变绿地性质等问题,导致城市绿化面积不断减少。就我国绿化水平来看,与许多国外发达国家相比,还存在较大差距(图 5.3.3)。

以盐城市为例,为了经济效益的发展,大大减少了绿化面积,绿化率达不

图 5.3.3　新加坡垂直绿化

到 24％。虽然政府开始重视环境,并不断增加绿化面积,但由于绝大多数空地仍被办公空间、商业建筑占用,无可用空地,城市绿化无法达标,但却有许多灰空间未被开发利用(图 5.3.4)。

图 5.3.4　城市灰空间

　　城市园林绿化设计不但起着净化城市环境的作用,还能做到美化城市,凸显城市文化。

项目实施

(一)发挥资源优势

　　早在 1912 年,清末状元、民初实业家张謇来新街筹建大赉公司,植树防风固土,种棉纺纱织布,方东苗木萌芽起步。由于气候土壤适宜,方东苗木种植面积不断扩大,后来成为了著名的苗木之乡,苗木种植逐步成为方东的主导产业，然而近几年苗木市场不景气，苗木销售不佳，方东村大量苗木滞销，且受土壤质地、肥力、水分等因素影响，每亩地大约有 4%—5% 的残次苗木，这些苗木无法出售，不能给村民带来经济效益，只能用作烧火材料，造成了极大的资源浪费。

这些弯弯曲曲的残次苗木极具设计感，很适合用来制作景观，于是公司收购了这些残次苗木，由专业的设计人员对植物的线条、形体及色彩等元素进行巧妙的利用，通过植物不同季节的周期性变化，使艺术和科学相互结合，展现出植物的群体美和个体美，形成一幅活的动态构图。

由于收购的苗木价格低廉，所以相较于市面上差不多的同类产品，公司成品的价格也绝对优惠。这样优质的产品，一经投放市场，就吸引了政府部门与公司洽谈合作，在政府间形成一定的影响力，收获了大量的订购单，促进了公司收益的同时，帮助苗农大幅增加收入。

（二）林间间种

团队种植的小型灌木不占用方东村的土地，而是采用间种的方式，在同一块土地上，同时期按一定行数的比例间隔种植两种以上的苗木，间种的两种苗木共同生长期长。间种往往是高大苗木与矮小苗木间种，这样栽种的苗木至少占一种苗木全生育期的一半，且集约利用光、热、水资源，增长了土地的效益，增加了村民经济（图 5.3.5）。

图 5.3.5　林间间种

　　方东村多种植女贞、紫薇、栾树等大型乔木,这些乔木树身高大,能从根部生长出一个直立且高达 5 米的主干,然而这种大型乔木的林下空间往往得不到充分利用,于是公司向村民投放低矮的小型灌木,在树与树的间隙种植黄杨、海桐,充分利用方东村土地资源,在不影响村民原有种植基础上,增加其额外收入。

(三) 园林式种植

　　公司将景观设计融入到乡村建设中,大力发展园林式种植(图 5.3.6),根据园林立意、植物习性和自然界植物群落形成的规律,仿照自然界植物群落的结构形式,经艺术提炼而就。在设计中,充分考虑物种的生态位特征,按照适地适树原则,合理选配植物种类,避免种间直接竞争,形成结构合理、功能健全、种群稳定的复层群落结构。在树种选择上,尽可能多用乡土树种,来保证效果的稳定性。在保证生物多样性、色彩丰富的同时,基调树种明确,控制全局求得相对的稳定。力求科学合理的配置,创造出优美的景观效果,从而使生态、经济、社会三者效益并举。

图 5.3.6　园林式种植

　　公司打造的景观园林通过不同植物的搭配,展示地域和环境文化,使园林绿化景观与特定的人文环境相配合,舒适宜人,简洁大气,具有丰富的人文内涵。植物不再仅仅是观赏对象,而是蕴含着一定的思想情趣。同时公司还考虑到景观园林要满足因不同需要而产生的功能性区域和空间,所以公司凭借生态学的基础理论进行不同风格的绿地空间创造。2018 年 1 月公司成功帮助方东村取得了"美丽乡村"的称号,为方东村乡村旅游打下坚实的基础。

(四) 灰空间创新应用

　　传统景观设计主要服务于城市景观(城市广场、商业街、办公环境等)、居住区景观、滨水绿地规划、旅游度假区与风景区规划等设计，目的通常是提供一个舒适的环境，提高该区域的(商业、文化、生态)价值(图 5.3.7)。

图 5.3.7　盐城高新技术园区屋顶写字楼灰空间改造

易木公司着力打造城市建筑的灰空间，即建筑与其外部环境之间的过渡空间，是封闭空间与开放空间的中介，或者内容与功能不同的空间之间的过渡空间，以及城市阳台、停车坪、高层建筑屋顶等空间(图 5.3.8)。这种灰空间，平时很少被人注意，造成一定程度上的土地空间浪费，公司所做的就是开发出建筑灰空间的功能，并将其放在重要的位置上。

图 5.3.8　盐城市中建大厦屋顶花园

现在公司将这些灰空间打造成绿色景观，以帮助城市达到了绿化率的指标，节省建筑费用、降低空调能源、使用提高空间利用率、减少噪声影响，避免热岛效应。

公司以方东村滞销的残次苗木及林间间种模式下的小型灌木为原材料，因地制宜，根据当地风土人情，以人为本，同时结合环境设计的相关专业知识，依据绿色植物的生长周期、生活习性等方面为城市灰空间打造绿色景观。

公司以东台市东亭路、红兰路政府项目为推广工程,吸引各地园林部门与公司签订一系列订单。公司的原材料以每株收购残次苗木、林间间种的灌木为主。公司在保证苗木存活的情况下,根据绿化项目的面积,以每平方米进行设计费用的收取。

项目实施

(一) 公司资质

易木艺术设计有限公司是以为城市灰空间提供景观产品,从而带动方东村残次苗木销售,以及高效利用种植土地以达到精准扶贫的新兴企业。公司于 2018 年 3 月注册成立于江苏省盐城市,注册资金 180 万元。

公司总部设在盐城市亭湖区,以绿色生态景观为主要方向,以精准扶贫为主要目的,在平台上打造专供城市绿色生态景观的数据库。本项目依托华东区面积最大的人工森林作为绿色生态景观产品生产基地,并与东台市政府合作收购当地苗木,设计成绿色生态景观产品并推广至城市。

目前公司旗下有方东村绿色生态景观产品生产基地(图 5.3.9),互联网绿色生态景观定制设计服务平台等。

图 5.3.9　方东村苗木基地

(二) 公司宗旨

易木公司秉承"精准扶贫,精益求精"的精神,针对不同贫困区域环境、不同贫困农户状况,运用科学有效程序对扶贫对象实施精确识别、精确帮扶、精确管理的治贫方式。因此对于缺乏劳动力的特困家庭,公司赠送苗木,由当地政府牵头,组建党员帮扶小组,传授农户景观培育、护养技术,使得农户收入增长,并且持续关注他们的发展状况,帮助他们真正做到脱贫致富。

(三) 公司目标

未来公司打算将苗木与生态相融合,结合当地红色文化精神,将苗木建成特色植物园,赋予园林绿植新的生命,大力支持乡村生态旅游,从"卖树木"带向"卖风景",支持方东村"林家乐,红帆旅"系列农业休闲旅游,让方东村每一户村民真正做到富起来(图 5.3.10)。

图 5.3.10 "林家乐,红帆旅"系列农业休闲旅游

(四) 公司成员

表 5.3.1 公司成员表

姓名	性别	专业	工作分工
闫婷	女	美术学	总经理
陈书森	女	环境设计	设计部
花鹏宁	男	环境设计	采购部
陈玉	女	经济法学	财务部
张俊	男	视觉传达设计	工程部
袁媛	女	环境设计	宣传部
葛永锋	男	园林艺术设计	技术顾问
戴勇	男	视觉传达设计	工程顾问

姓名	性别	专业	工作分工
卢东祥	男	信息工程	信息技术顾问
滕秀夫	女	环境艺术设计	设计顾问
刘根东	男	园林艺术设计	园林技术顾问
何永旺	男	园林艺术设计	产品技术顾问
陈静	女	景观设计	景观设计顾问
孙杰	男	园林艺术设计	园林技术顾问
叶守民	男	财会	经济顾问

（五）组织架构

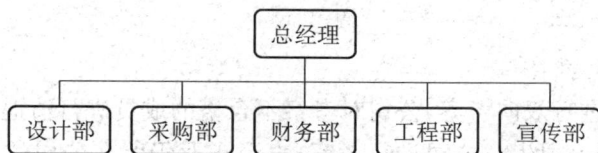

图 5.3.11　公司规划图

总经理：承担公司对外商业洽谈，负责与政府相关部门、绿化需求方就项目整体方案进行沟通交流，对公司所有的事项都能做到统筹规划。

采购部：负责与种植苗木的村镇联系人建立畅通的沟通渠道，保障原材料的供应。

设计部：负责景观产品的研究创新，根据客户需求，结合植物生长特点与环境要求，制定最合适的景观方案。

财务部：负责公司资金的筹集、使用和分配，如财务计划和分析、投资决策、资本结构的确定、股利分配等；负责日常会计工作与税收管理，每个财政年度末向负责人汇报本年财务情况并规划下年财务工作。

工程部：负责接受订单的现场设计施工，根据绿化项目合理安排、计划、指导并协调相关工作，保证项目的顺利展开。

宣传部：根据公司的发展目标制定阶段性的宣传策略，做好宣传推广工作，以提高企业的知名度。

(六) 股权结构

易木公司注册资本金 180 万元,其中陈书森占股 44.44%,共计 80 万元;葛永锋占股 27.78%,共计 50 万元;滕秀夫占股 27.78%,共计 50 万元。

(七) 人力资源

1. 人员招聘

在人员招聘上,为响应"乡村振兴"战略,本公司与东台市政府达成协议,为方东村等周边村庄提供 200 个就业岗位。

(1) 村民

公司为方东村村民提供实习岗位,上级主管部门会对其进行为期三个月的技能培训,指导相关人员了解苗木的生长习性等专业性知识,教授苗木设计及制作的相关方法。村民能独立应对突发情况后,公司将会与其签订正式的劳务合同。

(2) 在校大学生

实习期间进行双向考察,公司对考察不合格的成员进行清退,以保证公司职员质量,同时实习生对公司进行考察,直至毕业仍留在公司的,可直接转为固定员工。

(3) 外包业务

公司为了节省成本把某部分不涉及商业机密的业务承包给其他专业公司,专业公司派出人员到协议方公司工作,但被派出人员的劳动关系、工资派发都由专业公司负责。

(4) 运营推广

一般指组成部分不脱离组织通过业余或者碎片资源来完成相关推广工作并且获得一定的报酬。这类运营推广型兼职由核心推广人员招聘,并且不纳入公司正式编制。

2. 员工培训

(1) 培训计划制定

各部门提出培训计划——培训部初步审核计划——执行董事审批计划。

(2) 培训过程落实

所有员工在进入公司时都要进行相应的培训,新员工培训内容有企业基本情况培训、产品培训、营销培训、客户培训。在工作过程中,公司将根据员工的信息反馈和绩效考核,对其不足的知识和技能进行相应培训。公司每次的培训都要求提前做到"五定",即定场所、定目标、定帮带人、定考核人、定奖惩。

（3）培训与沟通相结合

为增强培训效果,新员工进入公司三个月内,公司将指定人员结合培训并与其进行多次沟通了解员工情况,稳定员工情绪,了解其发展想法与要求。同时,公司的管理和技术人员,将由所在高校管理学院和美术与设计学院选派专家进行培训和专业指导。

公司对所有员工进行季度考核,排名在最后 5% 的员工必须下岗再培训,培训期满后重新考核,合格者可以返岗。对于培训后还不能够满足考核要求的职工,亮黄牌继续培训,再次不合格者按辞退处理。

（八）团队业绩

2016 年 3 月易木团队在美术与设计学院成立了景观设计工作室。策划和组织了多项城市社区、屋顶绿化为主题的公益设计服务活动。

2016 年 7 月,环境设计 2015 级的同学参加了走进乡村的暑期大学生社会扶贫活动(图 5.3.12),为方东村村民设计微型盆栽景观,并指导盆栽苗木的培育技术,村民参与热情非常高,并得到地方政府的肯定,东台日报、电视媒体做了采访和宣传,获得一定美誉度(图 5.3.13)。

图 5.3.12　"三下乡"扶贫活动　　　图 5.3.13　培训村民苗木塑形

2016 年 9 月,易木团队与东台市政府达成第一项合作,对 5 519.8 m² 进行城市景观设计,项目金额 54 万元。

2017年8月,易木团队与上海孙桥溢佳农业技术有限公司签订了节水灌溉技术外包服务合同,为本团队的发展提供技术支持。

2017年9月易木团队与盐城市政府合作,绿化总面积13 880 m²,项目总金额89.7万元。

2017年11月易木团队与如皋市政府合作,绿化面积达16 300 m²,项目金额105.95万元。

2018年1月易木团队与海安市政府"绿城"项目,绿化面积19 700 m²,项目金额约147.7万元。

2018年3月,易木艺术设计有限责任公司正式成立。为帮助东台市新街镇实现增产增收,脱贫致富,启动了易木景观绿色扶贫项目。

2018年6月易木公司与东台市雅客居物业签订合作协议,为其建筑大厦设计绿化景观,绿化项目面积34 587 m²,项目总金额259.4万元。

2018年8月易木公司与东台市清华幼儿园签订合作协议,为其屋顶平台设计绿化景观,绿化面积达3 313 m²,项目金额24.8万元。

帮扶成果

(一) 经济发展现状

1. 基础设施建设

方东村建房户数760户,其中房385栋,建设面积15.8万平方米。集镇新增商品房开发10万平方米,建设农村水泥道路151条,213.44千米,建设各类桥梁78座,其中交通大桥7座。虽然方东村在交通建设方面基本达标,但在部分道路设施上仍需完善。因此未来公司需要帮助方东村村民提高经济收益,改善他们的交通环境,也为公司的材料运输打下坚实基础,使得公司和方东村取得一个合作共赢的关系。

2. 社会公益事业发展

随着电商时代的来临,网络资源成为经济发展道路中必不可少的要素。方东村目前全村覆盖联通、移动、电信无线网络信号,部分地区能装宽带,当地宽带业务欠发达,制约了乡镇农业资源网络渠道的发展,也阻碍了其经济的发展。因此网络建设成为方东村必须重视的问题之一。另一方面,方东村现已完成农村改厕工作,新型农村合作医疗、农村养老保险实行全覆盖,垃圾中转站、污水处理厂投入运行。这些事业的发展必能带动方东村走向一个又快又好的发展道路。

3. 促进经济发展

村民主要经济来源以苗木销售为主,主要种植女贞、银杏、栾树、紫薇、玉兰、枇杷等乔木树种,以及黄杨、海桐、石楠等灌木树种。全村现有 20 亩以上苗木大户 100 多户,苗木专业合作社 2 家,苗木经纪人 50 多人。但是单一苗木销售缺乏创新,不能更好地为村民带来更高的收益。因此政府大力引导农户种植新品种,开拓新市场,目的是为方东村加快经济发展的速度。

(二) 帮扶形式

1. 政策帮扶

2017 年,习近平同志在十九大报告中提出实施"乡村振兴战略"。江苏揭开特色田园乡村建设序幕,开创江苏的"新乡土时代"。2018 年江苏聚焦"三农",推进特色田园乡村建设。在这样的大背景下,国家也加大了对农村贫困家庭的扶持力度,除了粗放型扶贫政策外,针对不同贫困区域环境、不同贫困农户状况,运用科学有效程序对扶贫对象实施准确识别、精确帮扶、精确管理的治贫方式,帮助他们发展生产,提升经济效益,尽早实现脱贫致富。

2. 可持续帮扶

通过村委会,公司和方东村当地苗农进行沟通,收购他们滞销的苗木,融入现代科技打造优质景观,并与其签订滞销苗木长期供应协议。这样既能让他们在原有的经济收入上再收获一份额外效益,又能得到长期实惠的供货来源,从而达到双赢的局面。另外,授人以鱼不如授人以渔,对于那些缺乏劳动力的老病家庭,公司赠送易打理易存活的苗木,利用他们现有土地,以林间间种的模式进行栽种,提升土地利用率,让村民在原有种植基础上增产增收。同时由当地村支部牵头,组建党员帮扶小组,帮助种植,提供免费劳动力。在根本上,实现长期帮扶,实现长期受益(图 5.3.14)。公司参与打造最美乡村建设,为当地增添一份特色风景,间接为其增加旅游业收入。

与村委会沟通   收购滞销苗木

送优质苗木送给贫困户   帮扶小组在整修树苗

图 5.3.14 帮扶行动

（三）帮扶成果

公司利用土地间隙，在原本仅种植女贞、紫薇等大型乔木的土地上，增种黄杨、海桐等小型灌木，使每亩土地可增收 600 多株苗木，村民每年每户在此基础上平均增加了 4 000 元收入。同时公司还收购村民九万多株残次苗木，帮助其增收两万多元（表 5.3.2）。

表 5.3.2 三年方东村苗木收购表

	收购苗木（株）	增收（元）
残次苗木	93 500	252 000
间种灌木	174 000	1 075 000
共计	267 500	1 327 000

公司利用残次苗木制作景观设计，林间间种的合理高效的帮扶政策，已帮助 23 户家庭成功脱贫，其经济收入从原来的人均 800 多元增加到现在的2 850元。对于剩下的 19 户贫困家庭，公司预计在一年内帮助他们完全脱贫，走上可持续发展的致富路（图 5.3.15）。

图 5.3.15　脱贫前后照片对比

　　公司将景观设计融入乡村建设中,结合方东村风土人情,人文内涵,将诸如密林、线状的行道林、孤立树、灌木丛林、绿篱、草坪等植物景观类型而不是植物个体作为设计元素进行空间配置,大力发展园林种植,帮助方东村取得"美丽乡村"的称号;同时将生态农业与旅游观光有机结合,围绕空间布局、建筑形态、产业支撑、特色打造等四个方面,高起点、高标准、高质量、全覆盖挖掘历史文化,打造生态特色,大大提高苗木的附加值,创新了旅游休闲文化产品的卖点,促进了多种产品共融发展,形成了独特的生态苗木休闲观光农业,吸引了大量游客,旅游业增收 800 万元,让方东村每一户居民真正做到富起来(图 5.3.16)。

原有种植模式　　　　　　　　　　园林式种植模式

图 5.3.16　间接脱贫成果

财务分析

(一)财务预算

1. 利润预测

企业所得税:大学生创业开办的企业符合小型微利企业条件的,小微企业规定参照《关于印发中小企业划型标准规定的通知》(工信部联企业[2011]300号),减按 20%的税率征收企业所得税。根据相关政策,盐城市小微企业所得税优惠政策,每月营业收入 3 万内免税,3 万以上 25%。

盈余公积说明:按照净利润的 10%提取盈余公积,提满初始投资额的 50%为止。

营业税金及附加说明:

(1)营改增之后,营业税改征增值税税率变化,苗木业不属于营改增范围。

(2)2017 年后,营业税金及附加主要是城市维护建设税。

2. 公司经营状况预测

(1)关于资产计价及折旧摊销方法:固定资产按照实际成本计价。公司固定资产为公用设备和电子设备,公用设备按十年直线法计提折旧,电子设备按五年直线法计提折旧。

(2)负债:公司为满足扩展需要预计第二年借入银行长期贷款 10 万,并于第四年归还。

(3)盈余公积的提取:按照《公司法》的有关规定,按净利润的 10%提取。

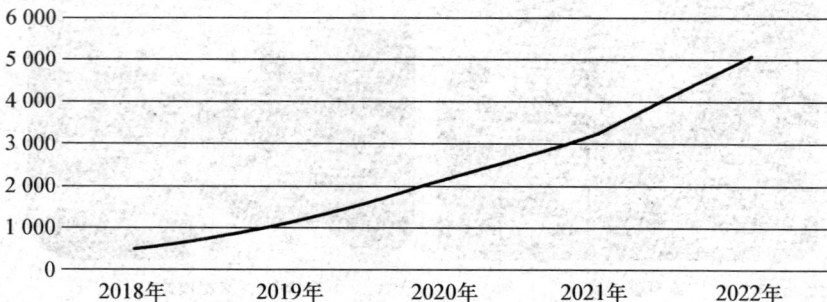

图 5.3.17　资产总额变动趋势(单位:万元)

(二)融资分析

盐城市亭湖区易木艺术设计有限责任公司产品具有光明的市场发展前景,公司成立之初"易木景观绿色扶贫项目"注册资本为 180 万元,项目初期运营资金 50 万元。

我们出让 10%的股权,吸收风险投资 130 万元,以便更好地发展公司。后期,为更好地完善公司产品结构、提升公司整体竞争力,未来预计将融资增加到千万。公司亦根据云端上用户偏好的产品进行大数据分析,利用数据分析结果(如产品美观度、使用效果等),向客户提供更优质的服务,从而获取我公司的盈利点。

本公司采用管理层与风险资本共同出资的资本结构,由公司管理层共同控股,这种管理模式可以充分激发团队的创业积极性。同时,风险投资机构也可以对公司发展起到监督作用,在企业的运营过程中,本公司将会采用资本运营模式开拓加盟市场,不断吸引新的创业伙伴。

表 5.3.3 盈利能力分析表

指标	2018 年	2019 年	2020 年	2021 年	2022 年
销售利润率	0.20	0.10	0.14	0.11	0.15
总资产报酬率	0.32	0.15	0.19	0.18	0.18
主营业务利润率	0.16	0.08	0.11	0.09	0.12

(三) 财务比率分析

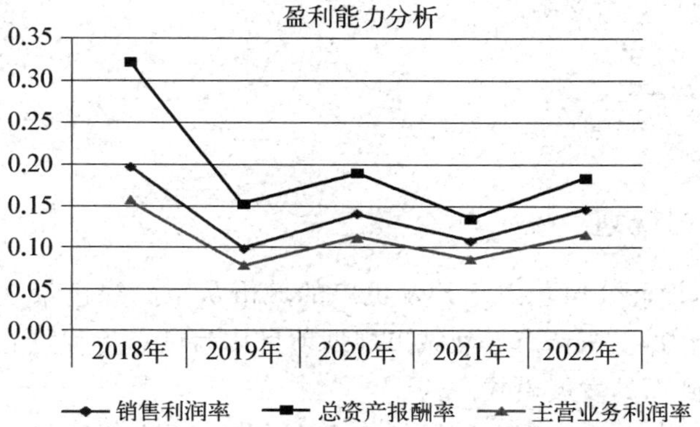

图 5.3.18 盈利能力分析图

未来五年销售利润基本保持增长状态,可见易木艺术设计有限公司能保持良好的利润增长势头。

资源利润率是企业盈利能力的关键,权益净利率可以反映企业的总体盈利能力。易木艺术设计有限公司资源利润率和权益净利率基本保持增长,在后期能达到较高水平。

(四) 发展能力分析

表 5.3.4　发展能力分析表

指标	2018 年	2019 年	2020 年	2021 年	2022 年
销售增长率	1.14	0.14	0.11	0.15	
资本保值增值率		0.09	1.11	(0.04)	0.70
利润增长率		0.08	1.12	(0.05)	0.71
总资产增长率		1.14	0.50	0.27	0.27
资本积累率		0.86	0.71	0.01	0.35

　　公司的设备质量保证、供应商信誉良好,设备安装及调试在 1 天内完成。总公司选址在交通设施完善、投资环境很好的盐城高新技术产业开发区。

　　根据目前运营状况、硬件设施水平、近远期规划以及投资项目可行性分析,本着求实、稳健的原则,并严格遵循我国现行法律、法规和制度,依照财政部颁布的企业会计制度修订企业会计准则,本公司已经具备了开发此项目的外界条件与内在实力要求。

未来发展

(一) 公司规划

　　易木艺术设计公司着力于开发更广的城市灰空间绿色景观设计的市场,利用政府影响力,以东台市五烈城市规划项目作为试点工程,向全省及全国推广,形成由点到面的发展模式。

　　目前,公司与东台市雅客居物业以及东台市清华幼儿园签订绿化协议,项目总施工面积 37 900 m²,项目总金额 284.2 万元。

　　按照目前发展形势,未来公司预期收益会大幅增长,2019 年底,预计累计施工面积达到 196 300 m²,累计营业额达 1506.52 万元;2020 年底,预计累计施工面积达到 345 600 m²,累计营业额达 3 044.31 万元;2021 年底,预计累计施工面积达 613 460 m²,累计营业额达 6 258.63 万元;2022 年底,预计累计施工面积达到 1 036 060 m²,累计营业额达 12 597.63 万元。

（二）方东村规划

方东村采用林间间种模式,提高土地利用率,苗木产量大幅增加,同时易木艺术设计有限公司帮助方东村将景观设计融入乡村建设,大力发展园林种植,帮助方东村取得"最美乡村"称号,间接带动苗木景观旅游人数增加 20 万人次(图 5.3.19)。方东村正在着力打造"一带二区三圃四点"为一体的生态种苗繁育体系,实现生态苗木示范园空间均衡布局的合理配置及功效最大化。拓宽"一带",即拓宽新陈河东堤苗圃带。建设"两区",在方东村境内新陈路东侧建立"江苏沿海生态苗木示范园展示繁育区(东区)";在方东村境内新陈路西侧建立"江苏沿海生态苗木示范园商务观赏区(西区)"。完善"三圃",即建设水系苗圃、道路苗圃和农田苗圃。打造"四点",即主入口节点、村部周边景点、实体市场亮点、精品苗木展示区看点。

图 5.3.19　发展生态旅游

（三）周边村镇规划

本公司以东台市东亭路、红兰路项目作为试点工程,辐射周边 9 个村镇,帮助这些村子的 560 户贫困村民,种植 504 万株苗木,利用这些苗木制作景观绿化项目,预计为村民增加 4 542.7 万收益,让每一户村民真正做到富起来。公司计划不断改善村庄环境和居住环境,增强群众的自信心和自豪感。通过"绿色家庭"的评比活动,不断发现和树立先进典型,激发群众开拓创新的激情,充分发挥原始生态苗木资源的特色,创造具有本地特色的乡村旅游项目。同时鼓励村民利用成片树木、自有住房、现有沟塘等开发农家乐、垂钓、农家休闲小屋、绿色养吧等休闲娱乐项目,促进群众增收致富。

第四节　安乘智能小盒案例

项目获奖：第二届中国"互联网+"大学生创新创业大赛国赛铜奖

项目成员：仲原、冯成、沈刘晶、翟笑、薛周健、游德民、祁刚、邹逸峰、韩同、施宇豪

项目指导老师：仇成群、谢建明

项目概况

　　安乘智能小盒(Vehicle Safety Box)创业团队经充分的市场调研和可行性论证，决定凭借自身扎实的专业知识，以学校汽车电子技术实验室为依托，以指导教师及团队获得的国家发明专利为核心技术，以学校及外部引入资金为支撑，筹建安乘科技有限公司，致力于把本团队打造成汽车安全管理服务领域的领航者。

　　团队成功把蓝牙模块、GPS定位模块、OBD通用读取模块、碰撞分级系统、驾驶人危险状态感应模型五大模块，使用拓扑协同模块化集成方式集成。特别要说明，碰撞分级系统和驾驶人危险状态感应模型这两项独有的技术已成功申请了发明专利。原型机已通过了最新的查新报告和检测报告。

　　在现代社会中，大家都想能够以最实惠的价格得到最好的享受，而我们的产品主要针对中、低档汽车车主，安装了我们的产品即可以有高档车的安全配置享受和体验。

　　团队前期主要推出一种安全产品——安乘智能小盒，是一款汽车安全智能管理产品，包括对安全系统、故障问题、使用过程等方面的管理。主要功能是从行车前、行车中、事故后全方位实时监测，并与智能服务平台联动的紧急救援，从而全方位、立体化保障车载人员的安全。同时，我们也瞄准市场需求，注重技术革新、产品创新和完善服务，并推出衍生的平台服务（如O2O维修服务、碎片化社交等），提高产品的市场竞争力。累积一定客户量后，依靠平台进行数据采集与处理，通过分类处理、数据挖掘，形成可视化图表，以报告的形式进行针对性销售以获取丰厚利润，促进公司的持续、健康发展，努力把我们的产品和服务打造成汽车安全市场著名品牌。

　　我们的产品具有以下社会意义：

(1) 提高全民交通安全意识；

(2) 降低车辆的事故发生率；

(3) 促进道路安全畅通，构建和谐的道路交通环境。

在"江苏银行杯"第二届盐城市科技创业大赛决赛中，一代产品以相对完善的功能、实惠的价格和人性化的前中后期服务，在全市大学生科技创业总决赛中崭露头角，荣获大学生创业组一等奖。车载智能小盒以其特别的性能吸引了媒体，《现代快报》、《盐城晚报》向市民进行了报道。

项目缘起

(一) 项目背景

随着我国经济社会持续快速发展，群众购车刚性需求旺盛，汽车保有量继续呈快速增长趋势。据公安部交管局统计，截至 2016 年 6 月，我国汽车保有量已达 1.84 亿，与车相关的事故占据了 25％，社会对车辆系统故障的关注度极高。然而车辆安全检测步骤繁琐且成本较高，驾驶人安全意识薄弱。

日常生活中，汽车总会出现各种故障，例如刹车故障、油泵故障、发动机及冷却系统故障等，通常我们都是依靠去 4S 店定期进行检修，来排除存在的隐患。但是半年一次的例行检查，不能及时发现突发问题。所以，驾驶员需要一个可以能随时检测车辆状态的产品，每次出行前，都能对自己的爱车有一个直观的了解，去 4S 店进行检修时对汽车存在的问题也能做到心中有数。

目前出行方式中，乘坐汽车占据很大比例。安全事故频发是因为驾乘者未知安全隐患导致，例如：汽车存在安全气囊异常、胎压异常等的安全隐患，没有及时察觉，一旦发生事故，会造成财产损失甚至生命的代价。所以行驶过程中，驾驶员需要一个能时刻对汽车进行全面检测，并且第一时间发出警告的产品。

如果因种种因素而导

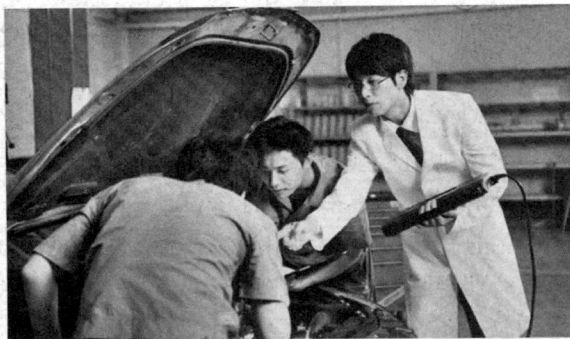

图 5.4.1　4S 店检修

致意外的发生,那么能否得到及时救援往往成为关键。这就需要一个可以对车辆进行全方位的实时监测的产品,一旦发生剧烈碰撞或翻滚,会在第一时间将数据发送到平台,客服人员立即和车主联系并进行实时的追踪、定位,一旦确认车祸发生,立即发送相关信息给车主亲友,并第一时间拨打122、120、110、119,提供准确的方位和车况信息,这样能够更好地挽救驾驶人生命以及其财产安全。

图 5.4.2 爆胎引发事故图 　　　　图 5.4.3 偏僻地区翻车

这些功能的实现均可以归纳为汽车安全智能管理。对车辆本身来说,管理车载安全系统(如 ABS、安全气囊等)和高风险的故障问题;对使用过程来说,管理行车前的风险评价和行驶中的安全监测甚至发生车祸后的事故管理。

从安全这一角度出发,2014 年 3 月份,一群志同道合的同学走到了一起,启动了汽车安全智能检测项目。2015 年和 2016 年陆续加入新成员。

(二) 产业调研

1. 汽车产业

我们地处盐城,盐城拥有华东第二大汽车基地——东风悦达起亚汽车有限公司,盐城市汽车产业规模不断壮大,已经形成了乘用车、商用车、专用车、新能源汽车和汽车零部件等较为完整的产业体系。目前,盐城已经成为江苏省最大的乘用车制造基地、江苏省新能源汽车产业基地、国家级汽车零部件产业基地和江苏省汽车零部件出口基地。

为进一步提升盐城市汽车产业发展水平,市委、市政府提出,围绕"发展汽车大产业、建设汽车大市场、搭建汽车大平台、优化汽车大环境、实施汽车大动作"的总体工作思路,力争通过 3 年左右的时间,实现汽车整车、零部件、服务业"三个千亿级"目标,集全市之力,打造中国沿海汽车城,建设汽车强市。

图 5.4.4　东风悦达起亚汽车有限公司

2. 大数据产业

近年来，盐城积极融入数据时代浪潮，主动策应中国制造 2025 和"互联网＋"行动计划，把发展大数据产业作为引领产业升级、服务社会民生、助推结构转型的重要抓手，依托丰富的数据资源，大力发展云计算、大数据、电子商务等新业态新模式。

作为国家信息消费和智慧城市试点城市，盐城已成为江苏省数据资源的快速集聚地。盐城在城南新区规划建设的面积 30 平方千米的大数据产业园，素有"西有贵阳，东有盐城"之美誉，已被纳入江苏省互联网经济、云计算和大数据产业发展总体规划，是中韩自贸协定确定的中韩盐城产业园重要组成部分。盐城大数据产业园已建成和在建各类平台载体面积达 100 万平方米，已引进技术全球领先的中科院绿色数据中心，挂牌成立中关村（盐城）大数据产业联盟，全国首家大数据资产评估机构——中关村大数据资产评估中心已在盐城设立分中心，南邮盐城大数据研究院等 15 个研发机构陆续落户，江苏省

图 5.4.5　盐城大数据产业园

大数据交易中心即将获批,将成为华东地区首个大数据资源交易平台。

3. 我国汽车市场

2015 年,我国乘用车销量首次突破 2 000 万辆,达到 2 115 万辆,同比增长了 7.3%,高于行业平均增速 4.7%。

2015 年销售车型中,中低档车占比高,占比近七成,而其自带的安全功能不足,汽车安全缺口大,其中家庭用车占 92%,且家庭用车最需要的就是一份安全的保障。

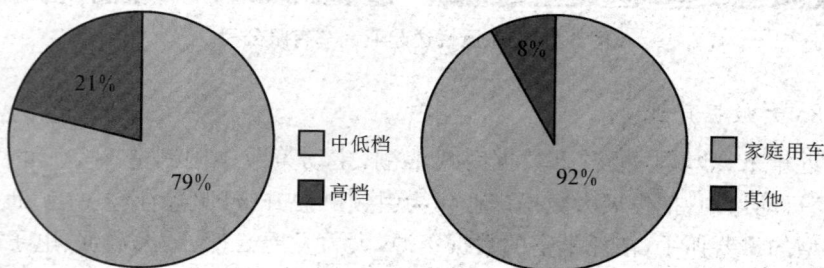

图 5.4.6 购车类型分布

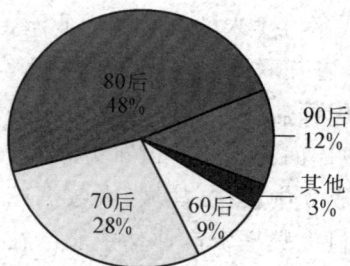

在总体购车群体中,80 后的群体所占的比例最大,为 48.4%;其次是 70 后的群体,所占比例为 28%;90 后和 60 后人群所占比例分别为 11.7% 和 9.3%。而 80 后、90 后车主更追求汽车驾驶的智能化和个性化,具有时代感,追求车检信息透明化,以追求更高的服务质量、更低的价格。车主们希望有一款产品能有效实时检测车况,为安全驾驶保驾护航,并满足一些另外的实际驾车需求。

图 5.4.7 购车者的年龄分布

核心技术与主要服务

(一) 前期

前期目标主要是注重产品体验,不断提高产品的技术创新和功能开发。我们应用了以下的技术:

1. 4G、蓝牙 4.0 技术

借助 4G 网络在中国全面普及的时机,我们能利用高速、低价的移动通信网络实现与"互联网+"平台的交互。蓝牙 4.0 技术在手机中成熟广泛的应用,也使得我们能够及时与用户手机直接通讯,同时保证低功耗、高速度。

2. OBD 技术应用

(1) 只读不写

安乘智能小盒为获取车辆状态信息而使用的 OBD 检测模块,采用只读不写的模式,从而对车辆的行车电脑等电子系统毫无影响,从根本上杜绝了影响干扰车辆的安全隐患。

(2) 硬件通用

对于不同车型的各种接口,小盒通过适用车型的接线与汽车相连,保证小盒的硬件的通用性。

(3) 协议通用

对于车辆各异的数据协议,我们使用 OBD 标准通信协议,读取国家规定必须公开的参数。这部分数据已经满足了安乘智能小盒的需要,我们不必解码汽车厂商私有协议核心信息,这保证了软件协议的通用性,也同时降低了开发成本与硬件成本。

3. 驾驶人危险状态感应模型

采用机器学习方法(斯皮尔曼等级相关法+C4.5 决策树+K-means 算法)构建驾驶人危险状态感应模型,对驾驶行为和身体状态等方面进行智能判断,准确快速进行危险判断,帮助安乘智能小盒及时作出响应。

图 5.4.8　驾驶人危险状态感应模型

4. 汽车碰撞分级自动报警系统

对汽车遇到的各种碰撞问题进行分级,调整确认问题、自动报警的间隔时间以及执行不同的响应,调节好灵敏度与准确度之间的平衡,及时挽救事故者的生命。

依靠这些技术我们实现了以下功能:

（1）汽车安全配置管理

在行车前，安乘智能小盒将对汽车安全配置，如：行车电脑、ABS、TCS、ESP、EBD、EBA、安全带、安全气囊等的状态进行检测，包括物理安装情况、系统硬件状态、软件算法可用性、老化情况等，通过全真模拟测试技术触发安全配置的运行测试效果。

图 5.4.9　车况检测

（2）汽车故障问题管理

在行车前，安乘智能小盒将对汽车的高危故障问题进行检测，检测结果一方面通过蓝牙发送到手机 APP 客户端，直接反馈给用户，帮助用户及时发现

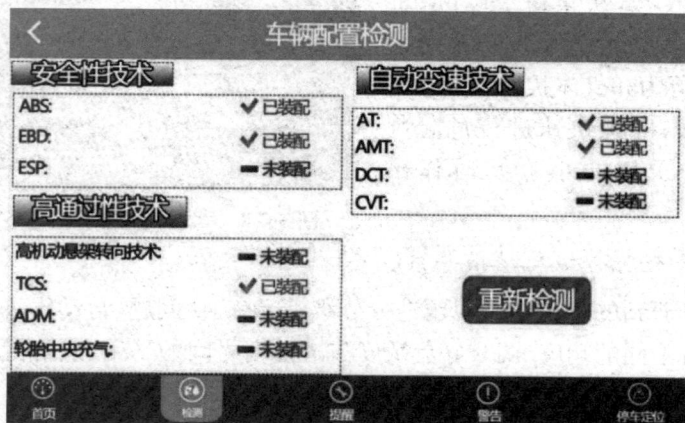

图 5.4.10　安全配置检测

和处理汽车安全装置存在的问题；另一方面缓存数据定时通过手机 4G 或者 WIFI 自动上传到我们的数据平台。

（3）车辆状态监测与信息反馈

在行车中，通过车辆自带的标准化 OBD 接口和本安全装置自带的传感器模块组获取参数，借助卡尔曼滤波算法和复合数学模型进行实时分析，提高数据精度与反应灵敏度，安乘智能小盒就能够全面地实时监测到细微的安全参数变化，如转向机漏油现象、刹车分泵磨损问题、某电子部件电路异常等，从而及时发现问题。数据一方面直接反馈给用户，使得用户及时了解汽车存在的

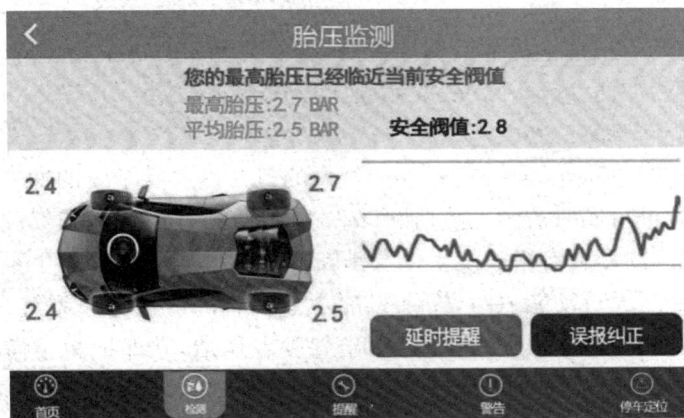

图 5.4.11　胎压监测

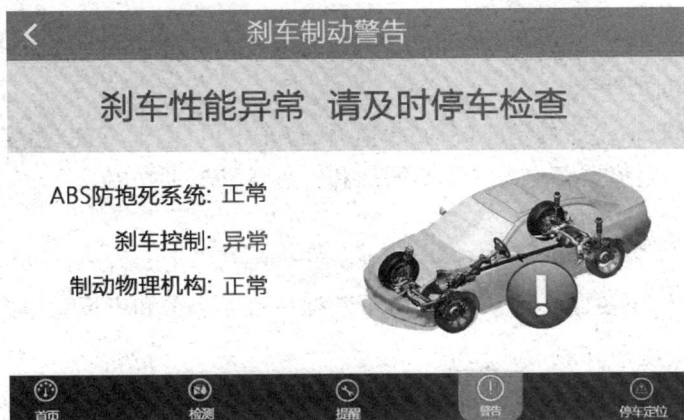

图 5.4.12　刹车制动警告

零部件等问题,帮助车主在维修车辆的过程中不会受到 4S 以及或其他维修店的误导而造成不必要的开支,或者因检修不全面而造成安全隐患;另一方面这类故障数据也将自动上传到我们的数据平台,供我们整理、分析。

(4) 动态安全管理机制

在行车中,根据动态状态(如行车状态、季节气候、使用年限、保养水平、驾驶习惯)得出理想车况,不断比对当前实际车况。如:不同季节、不同时速下胎压的变化范围,当超出理论值范围后,自动向用户提醒或报警,可避免因为突然的爆胎而导致财产损失或生命安全。其动态数据将定时自动上传到我们的数据平台。

我们的后台根据上传的数据,统计分析得出个人的行车安全记录、驾驶习惯,包括转弯、加速、减速、路况、疲劳、速度等指标,形成个人行车分析报告。

(5) 事故管理

从自带的碰撞、车姿传感器、安全气囊的打开以及安全带的冲击力等几个不同的方面,进行实时监测,通过独有的"碰撞分级系统"技术和驾驶人危险状态感应模型判断是否有事故发生以及判断事故的危机程度。发生重大交通事故,驾驶者完全无行动能力时,安乘智能小盒独有的碰撞分级系统、驾驶人危险感应模型,结合撞击强度,智能判断出驾驶者伤情,立即把救援信息发送到系统平台,平台会自动拨打 120,110,122 等救援电话,同时通知家属,并提供精准的定位信息,方便救援人员在最短的时间内赶到事故现场。如果驾驶者有行为能力,平台会提供是否需要救援选项,由驾驶者自行决定是否需要我们的报警救援服务。

小盒还能储存事故前后数据信息,及时上传至数据平台备份,以便查阅。

(6) 辅助功能

安乘智能小盒还具备防盗、心率监测、停车定位、电池管理、温度检测等辅助功能,并可以根据客户需求不断增加和完善各种辅助功能。

(二) 中期

中期目标主要是注重平台服务,不断提高服务水平和市场竞争力。

1. 产品技术升级

在前期已统计出数据的前提下,我们将完善平台特定算法,加强已有的核心技术,积极申请相关专利。定期进行产品升级,解决前期用户使用突出的技术问题。

2. 提高平台中心服务水平

我们将建立并逐步完善平台服务，拓展服务模式，提高客户体验。同时通过数据分析不同的客户需求，抓住时间点，及时回访、反馈老客户，为他们提供更加便捷的贴心服务。不但要避免老客户的流失，还要利用我们的口碑，大量发展新客户。

3. 自营维修服务、紧急救助中心服务

我们利用"互联网＋"平台的模式，构建平台、维修商和客户的生态圈。我们将根据产品推广范围，同步建立自营维修服务中心以及紧急救助中心。在暂时达不到的地区，选择优质商家，开展维修、救助业务合作。

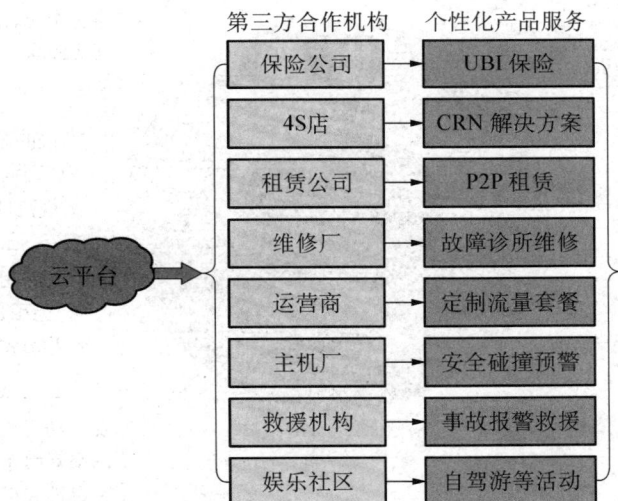

图 5.4.13　云平台服务

（三）后期

后期目标主要是通过平台收集大量数据，整理分类、定向分析、数据挖掘，掌握市场动态，进一步提高我们的服务水平，占据市场领军地位。

1. 升级平台服务

平台通过互联网，及时获得人、车、小盒各种信息，分析各项信息，并及时反馈给客户，持续改进服务。我们将建立并提供汽车维修保养等后市场服务的各类型网上平台(手机 APP 及网页模式)。车主可以通过平台自主选择 4S 店或其他维修店的维修保养服务,并进行等级评价;在自己的社交圈内分享自己的行车体验;查看汽车健康报告,车辆问题可咨询服务中心网站。

2. 开展数据服务

数据服务主要是通过数据平台收集的大量数据,后台基于专业化分析,建立数据模型,使用分布式云计算,从大数据中分析各项信息,分类整理后,提供给汽车厂商、保险公司和政府交通规划、决策部门。图 5.4.14 表示具体的数据服务内容。

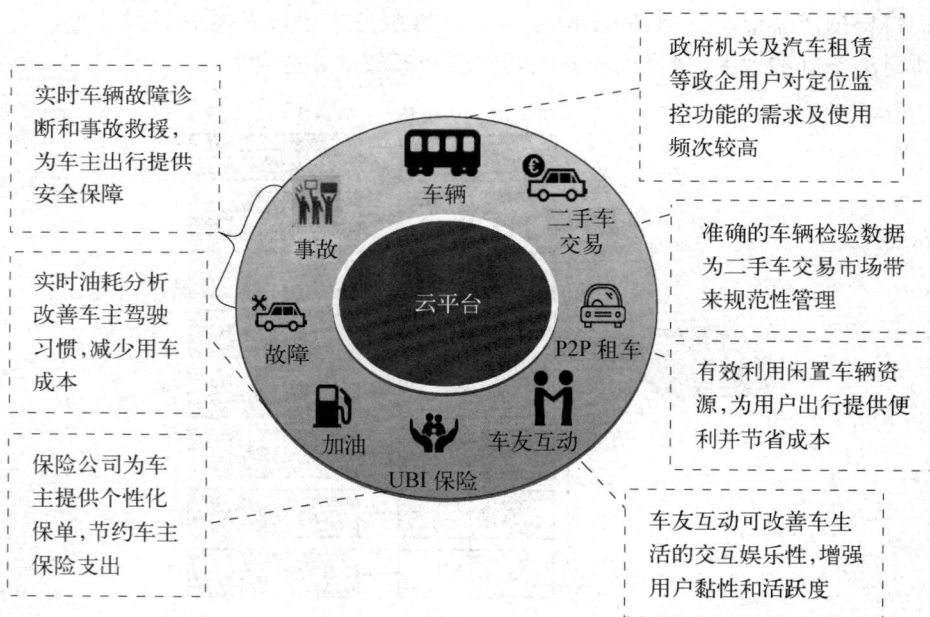

实时车辆故障诊断和事故救援,为车主出行提供安全保障

实时油耗分析改善车主驾驶习惯,减少用车成本

保险公司为车主提供个性化保单,节约车主保险支出

政府机关及汽车租赁等政企用户对定位监控功能的需求及使用频次较高

准确的车辆检验数据为二手车交易市场带来规范性管理

有效利用闲置车辆资源,为用户出行提供便利并节省成本

车友互动可改善车生活的交互娱乐性,增强用户黏性和活跃度

车辆 二手车交易 云平台 事故 故障 P2P 租车 加油 UBI 保险 车友互动

图 5.4.14 基于云平台的数据服务

3. 合作共赢

本团队将整理出来的部分数据,定期无偿提供给国家质检总局、公安部交通运输局等政府部门,从而获得政府部门的认可与合作。参与已有行业协会,组织新的行业协会,并试图利用优势地位主导行业的发展方向,制定行业标准。在保持独立、主导性质的前提下,扩大与同行的交流与合作,促进行业有序、健康发展,以实现共赢的局面。

市场分析

(一)市场容量

据公安部交管局公布数据显示,中国汽车保有量年年攀升,2015年底已达到1.72亿辆,华泰证券研究所据此推断出中国汽车后市场规模将达到1.9万亿元。中国信息统计局的数据显示,截至2020年中国各类汽车总保有量将达3亿辆,到2025年中国汽车保有量将达6亿辆。我们的主要目标市场是中低档车。统计数据显示,2015年底,中国汽车市场中低档车的占有率达到89%,而且近5年来,中低档车的销量每年都超过一千万辆,而且呈现逐年递增的趋势。可见我们的市场前景十分广阔。

(二)竞争对手分析

目前国内汽车安全产品以上海通用的安吉星为主,其研发较早,技术成熟,性能稳定,平台服务初步建立。但是价格较高,并且目前只在通用旗下汽车原厂装配,其每年高额续费的方式,也不符合中国普通消费者的价值观,导致原有客户严重流失。

其次,市场上也有许多同类的产品如驾宝、路尚等,虽然具有车况检测、位置共享、车辆预警等功能,价格也相对低廉,但是技术含量低,车况报告存在一定误差和延迟,提供的服务相对单一,且后期维护较为不便,不能吸引车主购买。

本团队产品——安乘智能小盒能够针对行业痛点,吸取早期产品教训,有针对性地进行技术研发与服务拓展,不仅能够实现适配各种车型,功能也更加全面、更贴近客户需求,而且能够做到以普通产品的价格,提供优质服务。普通版产品实现无需续费,真正做到物美价廉,符合中国群体的消费观。

安乘智能小盒具有前面展示的基础功能,同时利用"互联网+"进行数据传递,后台则利用独特的感应模型进行即时综合分析,一旦发现问题,立即发出警示,做到了驾驶安全事故的提前预防,并且具有紧急救援的功能,减少因车祸带来的损失。

我们不仅关注对车辆的安全,还对驾驶人自身的健康情况进行监测以确保用户安全。功能主要包括心率检测、疲劳驾驶警告等。

安乘智能小盒具有良好的性价比,适合广大的中国消费者。因此,拥有巨大的消费市场,而且技术优良,是行车过程中强有力的安全保障,具有强大的市场竞争力。

商业模式

(一) 价值主张

我们的前期的产品销售以市场为导向,主要客户为集团客户和个人用户。

1. 集团客户

集团客户是团队前期的主要目标客户之一,集团客户拥有良好的市场资源。从而具有信誉度高,客户资源稳定的优势。本团队因前期需快速打开市场,抢占市场份额,与集团客户建立合作共赢的业务关系,并提供如下服务:

(1) 提高行车安全率、降低维护成本;

(2) 提高集团运营量;

(3) 树立良好的企业形象。

2. 个人用户

个人用户也是另一类客户群体,团队为其提供具体服务如下:

(1) 保障行车安全,节省宝贵救援时间;

(2) 提高行车舒适度;

(3) 提供防盗报警等功能。

(二) 业务模式

团队业务模式主要是两大类:平台服务和数据服务。

平台服务分为产品销售、平台增值服务和跨界营销服务。我们的平台通过互联网,及时获得人、车、小盒的信息,分析并反馈给客户,帮助用户了解车辆存在的安全隐患,有效规避行车风险。我们也开设了提醒服务,利用互联网＋平台了解浮动车辆数据,及时向客户端推送交通状况,让车主了解路况,调整线路。

数据服务是指当我们的用户达到一定量后,将我们所收集到的数据信息分类整理后,提供给汽车厂商、保险公司和政府相关部门等需求方。

(三)盈利模式

团队采用产业互动盈利模式。立足技术服务,依托产业互动,以领先的核心技术和优质服务为目标客户提供服务。

团队的盈利模式主要为平台服务盈利和数据服务盈利。

其中,平台服务盈利又分为产品销售、平台增值服务和跨界营销服务。

我们不仅仅满足于全网营销、线下推广产品,也拓展其他平台增值服务。例如:抛锚救援服务,如果我们客户的车辆在偏僻公路上抛锚了,可以通过我们的平台上报,利用 GPS 定位寻找附近的认证救援机构进行救援,我们作为中间方获取利润。

精准的广告服务:我们根据用户的信息,来分析他们的购买力、需求以及消费习惯,在 APP 中帮助其他公司向用户推送广告,做到精准营销,提高我们服务质量的同时也提升销量。

另外,我们还涉及跨界营销服务,和众多网络平台合作,提供个性化产品服务,如停车服务、代驾、O2O 维修服务、自驾游路书分享、碎片化社交等。这些服务不但帮助我们提升用户体验,留住客户,还能通过维修商、其他网络平台客户帮助我们获取丰厚的利润,形成良好的汽车产业生态链,做到多方共赢。

我们团队最终目标不是靠产品盈利,而是致力于经营数据。安乘盒子数据中心的数据可以为多行业提供数据,既提高客户体验质量,又能让服务商获得更大利润,提升风险管控能力。通过平台对数据的采集、分类、分析、挖掘,形成分类可视化图表。一般来说有四类数据:

(1)故障数据。可以提供给合作汽车厂家,作为采购、制造设备的参考。也可以提供给保险公司帮助其由原先的"保额定价"转变到"车型定价"。

(2)行驶数据。例如交通状况,这些可以提供给交通部门等政府部门作为规划、决策参考,也可以提供给导航地图合作方。

(3)个人行车安全数据。可以反馈给客户,也可以成为保险公司的精准定价依据,从"车型定价"再前进一步,将更加人性化的"使用定价"结合到定价模型里。

(4)群体驾驶习惯数据。这些可以有偿提供给保险公司、汽车厂商,以及交通规划部门等需求方。

🖋 财务预算

(一) 全面预算

执行企业会计准则,会计年度为 1 月 1 日至 12 月 31 日。固定资产折旧按直线法计算,按平均 5 年计提折旧。无形资产按直线法摊销,摊销年限为 10 年。享受高新技术服务企业的税收优惠政策,所得税减按 15% 征收。

1. 市场细分

根据汽车安全性需求分析,前期将目标市场锁定在以下几类:一是汽车厂商;二是保险公司;三是旅游公司;四是普通汽车消费者。因此本团队前期主要目标市场为此四类客户。目前盐城市场汽车类别分布见表 5.4.1。

表 5.4.1　市场细分表

车　型	运营单位	2013/户	2014/户	2015/户
出租车	出租车公司	21	24	28
	个体户	87	110	151
公交车	公交集团	7	8	10
客运车	客运车企业	72	76	54
私家车	家庭	98.2 万	113 万	120 万

2015 年,盐城市私家车保有量达到 120 万辆,2016 年,达到 128 万辆,预计 2017 年底,将达到 138 万辆。除此之外,2015 年,客运车、出租车、公交车已达到 18 212 辆。

2. 产品销量预测

表 5.4.2　销售收入预测表　　　　　　　　　　单位:万元

年　份	2016	2017	2018
出租车公司	35.00	87.00	314.60
公交车公司	20.50	58.40	119.50
客运车公司	23.40	57.60	123.50

年　份	2016	2017	2018
私家车	204.05	753.00	2 220.4
销售收入	282.95	938.00	2 778.00

3. 预测利润表

表5.4.3　利润预测表(2016—2018年年报)　　　　　　单位:万元

项　　目	2016 年	2017 年	2018 年
一、收入	282.95	938.00	2 778.00
主营业务收入	277.50	931.20	2 768.20
其他业务收入	1. 50	6. 80	10.80
二、成本费用	182.15	591.40	1 793.40
营业税金及附加	33.95	112.56	333.36
工资及福利费	29.27	74.94	292.03
主营业务成本	91.01	293.09	566.06
期间费用	23.67	83.09	125.04
其他	4. 25	27.72	65.71
三、利润	100.8	346.60	974.8
减:所得税	15.12	51.99	142.17
四、净利润	85.68	294.61	832.63

注:按城建税7%,城市教育费附加3%和地方教育费附加2%,所得税率为15%(本团队属于高新技术产业)计算。

表5.4.4　预测利润分配表　　　　　　单位:万元

年　份	2016 年	2017 年	2018 年
净利润	85.68	294.61	832.63
可供分配利润	85.68	294.61	832.63
提取法定盈余公积金	8.57	29.46	83.26
可供股东分配的利润	77.11	265.15	749.37

续 表

年 份	2016 年	2017 年	2018 年
转增资本前的未分配利润	77.11	265.15	749.37
转增资本	77.11	265.15	749.37
未分配利润	0.00	0.00	0.00

注：为实现快速发展，本团队计划前 3 年将未分配利润直接转赠股本，第 4 年起计划按当年税后利润的 20%作为股东回报。

4. 预计资产负债表

表 5.4.5　资产负债表(2016—2018 年年报)　　　　单位：万元

项 目	2016 年	2017 年	2018 年
资产			
流动资产：			
货币资金	143.65	327.25	1 068.13
应收账款	59.04	159.44	860.20
存货	68.33	101.45	368.13
流动资产合计	271.02	588.14	2 296.46
固定资产：			
固定资产原值	30.00	30.00	30.00
减：累计折旧	3.00	6.00	9.00
固定资产净值	27.00	24.00	21.00
无形资产：			
减：累计摊销	2.67	5.34	8.01
无形资产净值	26.67	21.33	18.66
资产合计	324.69	633.47	2 336.13
负债及权益			
流动负债：			
短期借款	0.00	0.00	0.00

项 目	2016 年	2017 年	2018 年
应付账款	156.12	444.01	2 092.87
负债合计	156.12	444.01	2 092.87
所有者权益:			
实收资本	160.00	160.00	160.00
盈余公积	8.57	29.46	83.26
未分配利润	0.00	0.00	0.00
所有者权益总计	168.57	189.46	243.26
负债及所有者权益总计	324.69	633.47	2 336.13

注:固定资产及无形资产按 10 年摊销,无残值。

5. 预计现金流量表

表 5.4.6 投资现金流量表　　　　　　　　　单位:万元

	初期	第一年	第二年	第三年
固定及无形资产投资	30			
流动资金	130			
销售收入		282.95	938.00	2 778.00
一变动成本		38.92	161.11	201.10
一固定成本		143.23	430.29	1 602.10
税前利润		100.8	346.60	974.80
一税收		15.12	51.99	142.17
税后利润		85.68	294.61	832.63
＋折旧		3.00	6.00	9.00
＋无形资产摊销		2.67	5.34	8.01
净现金流量	-160	143.65	327.25	1 068.13

（二）融资计划

1. 股本规模与结构

股本规模：公司拟注册资本为 160 万元。股本结构：2014 年至 2016 年，团队成员先后自筹 60 万元；2015 年，学校投资 50 万，协议占股 15％。产品的原型机设计完成后，外部投资 50 万，协议占股 15％。

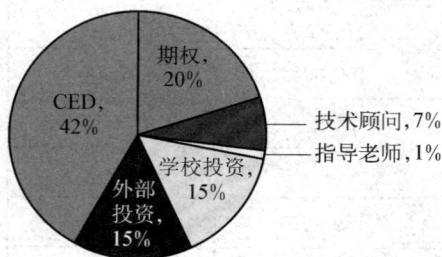

图 5.4.15　2016 年股份结构

CEO 占总股本的 42％，学校占 15％，指导老师占 7％，技术顾问占 1％，期权 20％，外部占股 15％。CEO 与学校达成一致行动人协议，占股 57％，实际控股。其中 8％的技术入股比例低于常规无形资产 20％的界限，符合国家政策，具有可操作性。2016 年的股本结构和规模详情如图 5.4.15 所示。

公司成立后，计划吸引融资 80 万，加速公司发展。

2. 资金来源与运用

成立初期共筹集资金 160 万。前期投入研发已耗费 100 万元，前期资金主要用于购买测试车辆、电脑、云服务器等固定资产（30 万）以及研发过程中电子元件费用、包装制造费用、模拟测试费用及其他研发成本（60 万），市场调研和拓展成本（10 万），大部分资金已投入于产品的研发与制作。

为迅速推广我们的安乘智能小盒，积累客户群，在市场拓展方面投入较大，详细的资金预算明细见表 5.4.7。

表 5.4.7　初期资金使用明细表　　　　　　　　单位：万元

资金去向	具体用途	预算金额
流动资金	原材料	80
	市场拓展	50
	代工费	6.4
	工资薪金	12.2
	期间费用	11.4
合计		160

团队目前定位于研发型企业，大批量成品已委托进行生产。代工费为单台成本的8%，单台产品BOM清单见表5.4.8。

表 5.4.8　BOM 清单

产品名称	安乘智能小盒	填表者	薛周健	审核者	沈刘晶
项目	零件名称	单价/元	数量	自制/外购	备注
MTK 单芯片	MT6253ANBM	11	1	外购	
速度测试控制元件	STM32F103CBT6 主控	11	1	外购	
速度检测	ADXL345 三轴加速度传感器（G-sensor）	4	3	外购	
蓝牙模块	BM57SPP05	25	1	外购	
DC－DC 芯片	MP24971	5	1	外购	
存储晶片	W25Q256	7	1	外购	
定位系统	GPS	58	1	外购	
数据分析	模数转换器	18	1	自制	
数据分析	采集卡	58	1	外购	
SIM 卡模块	4G 模块	30	1	外购	

（三）盈利能力分析

资本金利润率＝利润总额/资本总额

销售净利润＝净利润/销售收入

净资产收益率＝净资产/平均净资产

平均资产＝(所有者权益年初数＋所有者权益末数)÷2

成本费用利润率＝利润总额/成本费用总额

表 5.4.9　盈利能力分析

项　目	2016 年	2017 年	2018 年
资本利润率	25.53%	22.20%	24.13%
成本费用利润率	34.28%	28.53%	31.80%
销售净利润率	21.70%	18.87%	20.51%

由营业利润率可以看出：企业经营活动的市场竞争力越来越强，发展潜力越来越大；由销售利润率可以看出：企业最终获利能力越来越强；由成本费用利润率可以看出：企业为取得利润而付出的代价越来越小，成本费用总体上控制得越来越好。

（四）营运能力分析

表 5.4.10　营运能力分析表

项　　目	单位	2016 年	2017 年	2018 年
应收账款周转率	次/年	4.09	4.98	5.05
流动资产周转率	次/年	2.31	2.64	5.04
总资产周转率	次/年	1.28	1.62	2.91

从营运能力各项指标逐年上升，资产周转速度逐年上升，资产运行状况良好、资产管理水平较高，资产运营能力强。

（五）发展能力分析

销售增长率＝本年销售增长额÷上年销售额×100％

总资产增长率＝本年总资产增长额÷年初资产总额×100％

表 5.4.11　发展能力分析表

项　　目	销售增长率	三年销售收入平均增长率	总资产增长率
2016 年	85.51％		46.61％
2017 年	142.86％	99.65％	35.08％
2018 年	70.59％		26.73％

可以看出：销售收入增长趋势稳定，所有者权益得到很好的保障，经营规模扩张速度较快，发展潜力大，抗风险和可持续发展的能力强。

第五节　帮帮生活公益创业案例

项目获奖：第三届中国"互联网＋"大学生创新创业大赛国赛铜奖

项目成员：叶月、吕垚、刘训东、梅妍妍、高源、顾晟煜

项目指导老师：卢东祥、曹莹莹、赵任凭

项目概况

当前"空巢老人"（60岁以上独居或夫妻双居、丧失劳动力、行动不便的老人）在生活中会遇到起居无人照料、生活孤寂无人诉说以及诈骗防不胜防等问题，因此，"帮帮生活"爱心公益组织发起关爱"空巢老人"的公益项目，招募在校大学生，为"空巢老人"提供陪伴、家政、跑腿等生活服务，解决"空巢老人"亟须的生活问题，给他们带去精神慰藉。

"帮帮生活"利用互联网技术，搭建服务、管理平台，整合社会资源，将"空巢老人"、志愿者、社区和平台组成高效服务体系。抓住大学生消费的心理，利用爱心积分兑换代金券，激励盐城市各大高校的在校大学生参与我们的爱心公益事业。公益模式具有可复制性、可持续性、及时性的特点。我们在各大高校进行公益推广，截至2017年6月，固定志愿者达250人，流动志愿者人数近12 000人，帮扶"空巢人数"达18 000人，帮扶次数近27 000次。同时与东风悦达起亚汽车有限公司合作，从2017年5月起连续三年每年募集资金20万。"帮帮生活"收益的60%继续投入公益事业，从而使"帮帮生活"公益项目可持续化。

项目缘起

（一）项目背景

随着时代的更新变化，人们的生活水平在提高，但生存压力不断增大，越来越多的年轻人选择离开家乡，为美好生活去城市打拼，留下老人独自在家。世界卫生组织将60周岁及以上的人群定义为老年人，而空巢老人是指没有子女照顾、单居或夫妻双居的老人，具体分为三种情况：第一种是无儿无女无老伴的孤寡老人；第二种是有子女但与其分开单住的老人；第三种就是儿女远在外地，不得已寂守空巢的老人。随着独生子女的父母步入老年阶段，空巢家庭将成为我国老年人家庭的主要形式，空巢老人已经成为当代社会的热点词汇。"中国老龄化"正悄然来袭，预计到2050年空巢率将达到90%，空巢老人问题正愈发严重、亟待解决。

目前,空巢老人主要面临着生活难、心里苦、就医难这三个方面的困难。

1. 生活难

据《新华日报》中国空巢老人已达到 2 340 万之多,每 10 户老人家庭中就有近 4 户是空巢家庭,而且这一比例正逐年上升。我们通过盐城市人力资源和社会保障局了解到:盐城市总人口约 830 万,其中 60 岁以上老人有 184 万人,而空巢老人大约占老人总数的 45%。老年人行动能力不足,家务无人承担,交通出行不便,日常购物困难,这都引起了社会和国家的高度重视。

2. 心里苦

在空巢老人面临的困难中,"心里苦"才是最严重的问题。在调查中我们发现绝大多数老人有孤独、压抑、有事无人诉说之感,老人们还时常担忧子女,心理压力较大。为了减轻家庭经济负担,他们当中大部分都通过劳动来补贴生活开支,常年劳累加上情感孤独又添思念、无助等复杂情感,老年人身心疲惫,精神生活匮乏,甚至引发心理疾病。因此,除了在物质生活上关心老人,精神生活上更要加强关注。

3. 就医难

据盐城市城乡空巢老人调查报告显示:54.64% 的老人表示因为无人照料,所以最怕的就是生病。空巢老人面对病痛常陷入三大"无助"困境:急病突发无人知晓、慢性疾病无人照料、费用过高无法承担。这样的问题在农村尤为显著,仅 40.7% 的农村空巢老人认为就医方便。

因此,我们"帮帮生活"致力于关爱"空巢老人",力所能及地为他们解决生活难题,提供生活便利,关心老人的精神世界。

(二) 项目起因

"帮帮生活"聚焦盐城"空巢老人",是将公益、互联网技术、商业结合在一起的公益项目,致力解决"空巢老人"生活所需问题,传递"帮帮"爱心。"帮帮生活"以操作便捷的微信公众号为载体,在志愿者与受助者之间建立纽带,将陪伴、跑腿、咨询等服务集于一体,致力于帮助社区中在生活方面有困难的"空巢老人"。"帮帮生活"也拥有成熟的管理平台,通过平台建立和大学生志愿者、社区的联系,从而达到"空巢老人"、志愿者、社区和平台四者的高效互联。"帮帮生活"整合盐城高校大学生资源,招募并对他们进行专业化培训,强化大学生的使命感和社会责任感。我们有一套完整的奖惩机制,志愿者服务后能根据服务质量获得相应的爱心积分,积分可用来兑换优惠活动。实现在帮助别人的同时,自己有所收获,将"帮帮"爱心在全民中传递,形成"帮帮生活"爱心大团队,帮助更多的"空巢老人"。

(三) 项目优势

"帮帮生活"公益项目根据大学生的消费习惯,与盐城市 74 家餐饮娱乐单位合作,发展自身独特的商业收益模式。这种模式不仅可以解决整个团队的运营成本问题,还可以激励更多的大学生参与公益活动,做更多"关爱空巢老人"的志愿服务。

凭借自身独特的收益模式,我们获得东风悦达起亚汽车有限公司认可,并与其合作。"帮帮生活"爱心公益项目真正结合市场,实现公益、商业双发展。

另外,我们团队研发了服务平台和管理平台,使公益、商业更加高效结合。我们项目的优势主要体现在以下三个方面:

1. 高效互联

建立自己的服务和管理平台,将"空巢老人"、志愿者、社区和平台四者互相联系起来,形成完善的服务体系,同时志愿者高效利用闲散时间服务老人,从而达到项目的高效互联。

2. 可持续性

一方面,提供服务的志愿者团队是由在校大学生组成。在校大学生热情高昂,我们用社会实践学分、商家抵扣券等福利吸引他们,志愿者资源就会源源不断。另一方面,我们拥有收益和悦达公司的投资,"帮帮生活"公益项目可实现持续发展。

3. 可复制性

项目不受时间、地域的限制,依靠成熟健全的运营体系,从本地各大高校入手,鼓励时间充裕的在校大学生参与公益活动,迅速建立志愿者团队,走进社区关爱"空巢老人"。

(四) 项目意义

"帮帮生活"定向帮扶"空巢老人",组成一个"帮帮"爱心大团队,给老人们解决亟需的生活困难与心理问题。我们利用互联网技术,构建完整的志愿者服务体系,在各大高校进行推广,号召更多的在校大学生参与到"帮帮生活",

从而壮大志愿者团队,促进公益项目的可持续发展,为更多的"空巢老人"创造更美好的生活环境,并利用商业的辅助实现公益事业的可持续发展。

市场分析

(一) 市场状况

1. 空巢老人调查情况

随着我国人口老龄化速度的加快,空巢老人的处境受到社会各界的关注,如何让"空巢老人"度过一个生活有保障,精神有依托的晚年,已经是摆在全社会面前一个亟待解决的问题。

目前,我国已进入人口老龄化快速发展时期,老龄人口达 2.21 亿,并正以每年 3.28% 的速度增长,此速度约为总人口增长率的 5 倍,空巢率也急剧上升。专家预计到 2020 年,全国 60 岁以上老年人口将增加到 2.55 亿人左右,占总人口中的比重约提升到 17.8%,独居和空巢老年人数目将增加到 1.18 亿左右。到 2050 年我国老龄人口将近 4.3 亿,而空巢老人家庭比例或将达到 90%,这意味着届时将有超过 3.8 亿的空巢老人。

据盐城市统计局 2016 年公布的统计数据显示:盐城市老年人口总数为 184 万人,而空巢老人占老年人口总数的 45%,数目超过 82.8 万。预计 2020 年老年人口将达 198 万,空巢率高达 70%,将有 138.6 万空巢老人。盐城空巢老人人口发展趋势如图 5.5.1 所示。

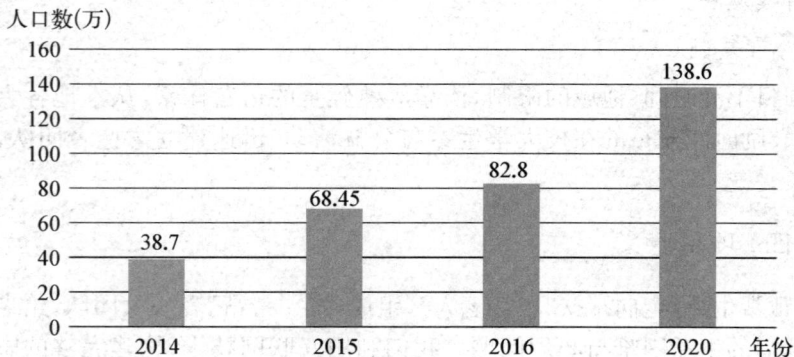

图 5.5.1　盐城空巢老人人口发展趋势图

2016 年,我们工作室成员走访盐城亭湖区各个社区发现:亭湖区户籍总人口为 904 514 人,60 岁以上有 87 354 人。如图 5.5.2 所示,我们要服务的"空巢老人"总人口达到 3 万多,占老龄人口 34.3%。

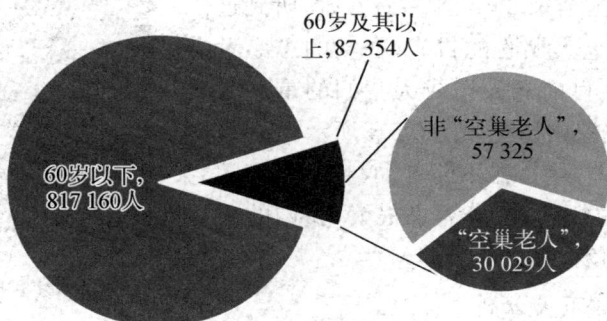

图 5.5.2　盐城市亭湖区年龄人口以及老龄人口饼状图

根据对盐城市各类人群社会保障现状的调查可见:孤寡、空巢老人是最缺乏保障的人群,占 48.05%;位居第二的是残疾人与因病因灾致贫人士,仅占总数的 19.91%。盐城市区各类人群社会保障现状统计情如图 5.5.3 所示。

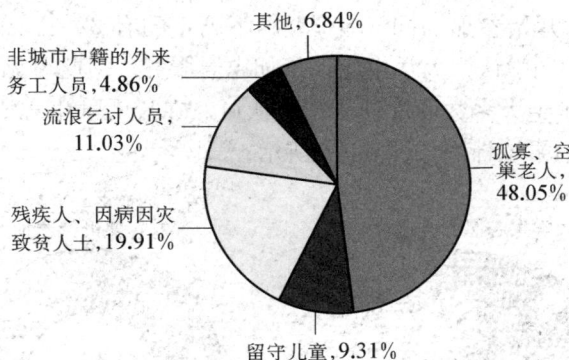

图 5.5.3　盐城市市区各类人群社会保障现状统计图

在调查过程中我们了解到一名特殊的王姓孤寡老人,认识她的人都叫她王奶奶。王奶奶今年已经八十多岁了,无儿无女,一个人独自生活在一间很小的平房里。由于王奶奶年事已高,身体也存在许多疾病,生活难以自理,多数时候都是由社区服务人员前去送饭,探望,偶尔附近的居民也来看望老人。即使是这样,也无法缓解老人内心的孤独。老人告诉我们,她最开心的时候就是有人来看她，能陪她说说话，她最害怕的就是哪天自己老在家中也无人知晓。

　　在我们临走前，老人拉着我们志愿者的手问，以后还会不会来，能不能多看看她，听到这样的话，再看着老人期盼的目光，在场的志愿者无不泪含眼眶。目前老人已成为我们的重点帮扶对象。王奶奶家中情况如图 5.5.4 所示。

图 5.5.4　社区孤寡老人王奶奶

　　"空巢老人"数目在不断增加，越来越多的老人需要我们的帮助，市场需求很大，我们的公益项目有极大的发展前景。

　　2. 志愿者市场分析

　　目前，盐城有 80 000 余名大学生，为进一步了解在校大学生志愿市场，我们"帮帮生活"在本市各大高校展开了一份志愿调查。经调查显示，多数被调研对象在校学习期间都有过志愿服务活动的经历，且有志愿服务经历的占到 80%，没有志愿服务经历的仅有 20%。在参加过志愿服务的同学中，有 86% 的同学愿意继续参加志愿服务，不确定的人数为 14%。在没有志愿服务经历的同学中，愿意开始参加的同学有 78%，不确定的有 22%。在所有被调研对象中，有 90% 的同学认为大学生应该参加志愿服务。由此可见，当今的大学生志愿服务得到了绝大多数同学的支持与认可。在校大学生志愿者市场前景非常广阔。调查结果统计图如图 5.5.5 所示。

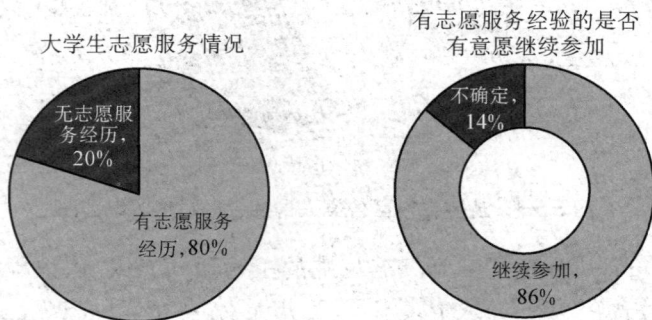

图 5.5.5　盐城市大学生志愿情况

　　为了解学生的消费习惯，我们还就各大高校附近的商家展开调查。经调查发现餐厅、电影院、KTV、游戏厅、健身房是在校学生闲暇时进行活动的场所。通过进一步的观察与谈判，最终与味府、串串达人、猫山王、爱尚健身中心、美美 KTV 等 74 家餐饮娱乐场所进行合作。

（二）环境分析

1. 政治环境分析

2011 年国务院提出了《社会养老服务体系建设规划（2011—2015 年）》，2017 年 4 月 21 日江苏省政府召开新闻发布会，出台《省政府关于加快发展养老服务业完善养老服务体系的实施意见》，国家及各级政府相继出台了一系列支持公益事业的政策，促使老年公益事业蓬勃发展，提高老年人幸福指数，但我国慈善事业的发展现状并不乐观，公众参与度较低，爱心慈善捐赠较少，我们"帮帮生活"关注"空巢老人"的行动势在必行。

2. 经济环境分析

中国扶贫基金会于 2013 年发起的"公益未来项目"旨在整合社会资源，支持高校公益社团发展，带动大学生参与公益，倡导大学生积极探索解决社会问题的道路，培育出一批有理想、有爱心、有能力的中国未来栋梁之材。我们团队正是迎合该项目，不仅自身参与公益，还希望带动更多的人加入到公益活动中来，积极营造全民公益的社会氛围。

国家不断增加对公益项目的投入，大多侧重于扶贫方面的公益项目，目前服务于老人的公益项目专项基金依旧很少，经济环境并不乐观。

（三）目标市场

1. 志愿团队

项目运营初期我们主要以在校大学生为"帮帮生活"的志愿者，而在发展后期，我们志愿者团队将面向社会，以 40 岁及其以下的青壮年作为"帮帮生活"关爱"空巢老人"公益活动的主力军。

2. 受益人群现状

我们的目标人群（受益人群）"空巢老人"是指当前社会 60 岁以上独居或夫妻双居、丧失劳动力、行动不便的老人。他们的经济及健康状况如下：

（1）经济状况

据盐城老龄协会近年调查结果显示，盐城市"空巢老人"经济收入普遍不高。他们的经济收入来源主要是自己劳动所得和子女补贴,老人劳动所得很有限,子女补贴缺乏稳定性且标准低,无有效的约束机制。总的来说,老人的经济保障普遍存在很大的不确定性,且收入偏低。

（2）身体状况

经过对盐城市亭湖区各社区"空巢老人"现状的调查得知全市区 60 岁以上"空巢老人"30 029 人,患重疾者有 2 889 人,占 9.62%,不好、患老年病有 9 417 人,占 31.36%,而身体很健康的"空巢老人"仅占 11.92%。盐城市亭湖区各社区"空巢老人"身体状况如图5.5.6所示。

（3）心理状况

"空巢老人"的心理健康问题日益突出,严重影响老年人生活质量,也影响家庭

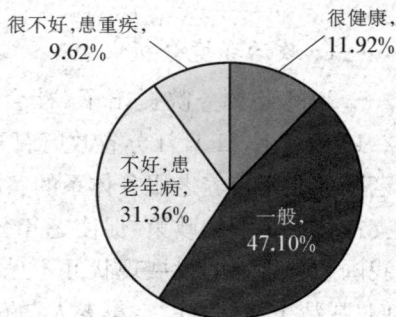

图 5.5.6　盐城市亭湖区各社区"空巢老人"身体状况

的和谐发展,通过定期分析"空巢老人"的心理状况,老年人存在的心理问题主要为失落、孤独、焦虑、抑郁等。

运营模式

（一）模式分析

"帮帮生活"爱心公益组织,通过移动端操作,将商业资源与公益资源紧密融合;搭建公益创新互动平台,利用互联网技术聚少成多,形成大众影响力量,推动"平民慈善　人人公益"的发展理念;坚持"公益三化",保证整个公益项目运营过程具有全民化、系统化、持续化的鲜明特点,让公益成为推助商业发展的动力源,让商业成为支撑公益事业长远发展的源头活水,实现公益与商业的相辅相成、协同发展。

1. 公益模式

互联网是一个平台,技术是一种工具,"互联网＋"技术可以让公益产生一种魔力,让人人通过网络和技术,体验和参与公益活动,团队初期将以项目的公益价值为重点,结合尊老爱老的传统美德,借助微信公众号和其他形式的新

媒体进行宣传,向大众带来多种参与公益的途径。爱心人士可以作为志愿者利用闲散时间帮助老人,给老人送去温暖。这样不仅能够帮助到更多的"空巢老人",使中华民族的优秀品质更好地传扬,也让人们能够在日常生活中随时随地参与到公益中来。

2. 商业模式

要想公益项目持久良好地稳定发展,就必须结合商业手段,从根本上给予公益最有力的保障。"帮帮生活"利用在校大学生的消费习惯与商家进行合作。商家给予"帮帮生活"的志愿者一些专项优惠,例如商家无门槛、满减代金券、折扣抵用券等,这些优惠活动都将区别市面上的优惠条款,对在校大学生具有很大的吸引力。大学生想要获得这些优惠,就必须用自己的爱心积分兑换,而爱心积分只有认真完成关爱"空巢老人"的志愿服务才能获取。商家每年交付我们合作费用 2 400 元,并根据代金券金额给予我们 50% 的提成。"帮帮生活"积分兑换界面如图 5.5.7 所示。

图 5.5.7 "帮帮生活"积分兑换界面

(二) 特色分析

1. 可复制性

从盐城市各大高校着手,加大校园宣传力度,鼓励在校生利用闲暇时间加入到志愿者服务的队伍,走进社区关爱"空巢老人",在当地高校中形成庞大的志愿互动网络。运营模式不受地域限制,具有较强的可复制性。

2. 可持续性

我们建立网络反馈评价平台,获得老人对于我们的建议,了解志愿者服务的真实表现,我们可以及时发现问题,不断提高服务质量。另外获得好评的志愿者可以得到相应的爱心积分,积分可以兑换优惠福利,以此激励志愿者长期投入到"帮帮生活"爱心公益组织当中,实现项目的可持续发展。

3. 及时性

一方面我们拥有丰富的在校生志愿者资源,另一方面我们还会向社会招募爱心人士,利用他们的职业优势为老人提供专业的服务与帮助,这样的运营模式可以及时帮助到更多的"空巢老人"。

(三) 产品与服务

1. 产品开发背景

目前我国独生子女群体庞大,人口老龄化程度急速加剧,只靠子女或护工来照料老人,几乎是不可能的,"空巢老人"以及其背后的老龄化问题,是一个需要全社会各阶层共同努力的问题,仅仅要求遵守"孝道"或单纯地将责任推给政府都无法从根本上避免这一现象,因此就需要凭借社会共同的力量,帮助"空巢老人"。于是"帮帮生活"应运而生。

起初我们从学校附近着手,走访了新唐、通榆等社区,帮扶"空巢老人"。2016 年 11 月,我们与盐城公益组织爱心之家合作,举行多场帮扶老人的志愿活动。在此过程中,我们发现不仅组织志愿者花费时间较长,不能高效地利用志愿时间,而且很难利用志愿者的专长给"空巢老人"提供针对性的服务。

因此在大数据信息时代的背景下,我们利用"互联网+",结合自身的专业学科优势,建立属于我们自己的服务平台和管理平台。

2. 产品概述

(1) 服务平台

"帮帮生活"将陪伴、家政、跑腿等服务集结在一个微信平台上,帮助社区中有生活困难的"空巢老人"。我们利用互联网的高效,形成较为完善的服务体系,老人拨打服务电话,后台志愿者为其下单,部分没有电话的老人联系社区,以同样的服务方式完成协助。下单后,志愿者根据自身情况选择接单,并在规定时间内完成志愿服务。若是订单在 20 分钟内还未有服务志愿者接单,后台志愿者将会根据老人的情况选择最优志愿者为其服务。后台志愿者在"空巢老人"得到服务后发送消息给社区人员,社区人员询问老人服务质量,后台志愿者把老人的建议通过管理平台填入对应服务志愿者的评价区。若得到好评,平台会对该志愿者积分奖励。奖励的积分可以作三种用途:一是可以兑换其他志愿者的帮助,让"帮帮"传递爱心;二是在校大学生志愿者可以根据积分在 PU 获得自己的社会实践学分;三是志愿者可以根据积分的多少兑换"帮帮生活"合作商铺的代金券。

(2)认证平台

为了更好更便捷地管理"帮帮生活",我们搭建了"帮帮生活"管理系统。用户登录我们分配的账号密码,提交志愿申请表或"空巢老人"认证表,"空巢老人"认证表可以由老人所在的社区帮助老人进行认证填写。当申请表提交后,团队负责人对用户所提交的表进行认真审核。

根据志愿申请表,"帮帮生活"将这些申请人分为固定志愿者和流动志愿者,我们会与所有的固定志愿者签订协议,为其投团体意外险,保障他们的安全。通过审核的"空巢老人"将免费享有我们的服务。此外,管理平台的工作人员还有一份特殊的工作:定期更换推送优惠活动,让志愿者时时了解福利内容,鼓励志愿者积极参与我们的爱心公益事业。

3. 产品服务

我们的产品服务包括:跑腿、咨询、照料、陪伴、演出,微信平台服务界面如图 5.5.8 所示。

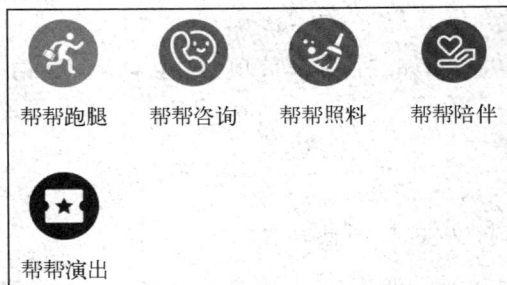

图 5.5.8　产品服务种类

图 5.5.9　志愿者帮扶过程

(1) 微信平台操作流程

☞ 个人志愿申请程序

① 打开"盐城帮帮生活"公众号；

② 点击"志愿者入口"；

③ 点击"个人申请"，仔细填写，并完善个人基本信息；

④ 选择"申请服务"，并阅读个人申请协议，填写完资料，点击"提交"；

⑤ 个人申请提交成功，后台进行审核；

⑥ 如果查看个人信息，可以继续操作（例如：想上传自己的证件，则点击"上传证件"）；

⑦ 上传证件照片，上传完成，点击"提交"；

⑧ 提交证件成功，后台进行审核。

☞ 用户访问程序

① 打开"盐城帮帮生活"公众号；

② 打开"用户入口"；

③ 页面中显示各种服务；

④ 点击你所需要的具体服务（例如：点击"帮帮照料"）；

⑤ 填写个人信息，并提交，预约提交成功；

⑥ 志愿人士选择是否接单（官方认证的"空巢老人"下单，志愿者接单时报价必须为"0"）；

⑦ 老人查看实时竞单情况，选定志愿者上门服务。

(2) 管理平台操作流程

☞ 志愿者或"空巢老人"认证申请

① 志愿者和"空巢老人"（所在社区人员帮忙）登陆"帮帮生活"管理系统；

② 用户进入系统，填写对应信息（例如：社区人员填写"空巢老人"信息）；

③ 选择审批人员，等待审批结果。

☞ 团队负责人对申请人进行审核认证

① 负责人进入管理系统，有待审核文件时，消息提示；

② 查看具体情况；

③ 对申请消息进行处理，同意或否决。

(四) 宣传与推广

1. 战略目标

"帮帮生活"是鼓励爱心人士为"空巢老人"提供全面服务的公益性质的项目。我们将以盐城市亭湖区为起点,逐渐扩展到整个盐城市,最终让项目影响范围覆盖全省乃至全国。

2. 初期具体策略

"帮帮生活"致力于引导盐城地区各大高校大学生、社区居民更多地关注身边的"空巢老人",使其尽可能为这些老人提供生活所需。相对于其他大学生官方团队,我们有着更为广泛的群众基础,公益活动不受时间、地点的限制,能够吸引更多的学生、社会人士关注。在发展初期,具体的宣传策略如下:

(1) 人员推广:前往盐城市各大高校开展"帮帮生活——关爱空巢老人"的主题宣讲会。

(2) 书面宣传材料:制作宣传单、海报和POP,在盐城市各大高校及社区派发宣传单和展示POP。

(3) 媒体宣传:使用电瓶车进行为期一周的车载广告宣传。同时,向盐城市《盐阜大众报》投稿。必要时,可支付广告宣传费用。另外,联系媒体寻求合作,为我们免费宣传。

(4) 网络宣传:建立属于自己的微信公众平台,并在各大网络媒体(微博、QQ)上进行推广宣传。

3. 营销公关

(1) 社会认证:"帮帮生活"作为连接在校大学生与公益资源的桥梁,我们希望获得更多志愿者的认可,并吸引他们加入我们的团队,传递帮帮爱心。

(2) 网络建设:建立属于自己的微信公众号平台,发布志愿帮扶活动过程中的照片以及近期活动预告,定期财务公示,接受群众的监督。

(3) 刊物出版:将每次帮扶活动的照片、资料、志愿者及老人受益感言等整理成册,印发刊物。既可以作为宣传材料,又可以作为团队资料,长期留存。

(五) 合作伙伴

"帮帮生活"通过对现有资源的评估,主动在盐城亭湖区各个社区寻求合作伙伴（如：盐城阳光心理咨询室、相融法律事务所、盐城亭湖区五星街道办、盐城亭湖区新城街道办、盐城亭湖区大洋街道办），根据实际情况建立适宜的合作关系，以此保证向"空巢老人"的生活提供最大程度的帮助。本团队还与本地各大高校公益组织保持着良好合作关系，如盐城市青年志愿者协会、盐城师范学院青年志愿者协会。

（六）志愿者培训

志愿者是构建和谐社会的重要力量，是先进青年和优秀群体的代表。培训的目的就是为了更好地提高志愿者综合素质，使志愿者的培训更具规范性、科学性，从而推动志愿者的工作向着更高层次、更广领域发展，使志愿者群体成为盐城市文明、和谐的代表。

1. 培训内容

团队的每位志愿者在投入工作之前，都需要经过严格的专业培训。我们将培训分为两大类：

（1）准志愿者和意向志愿者培训

培训目的：让刚刚参与和想要加入志愿服务行列的人士，进一步增强对志愿服务理念、团队的发展以及所有成果和殊荣的认识。

培训对象：愿意从事及已从事志愿服务的在校生。

课程内容：

① 志愿服务基础知识；

② 志愿服务的含义、类型，服务意义，志愿者的权利和责任等；

③ 参与志愿服务对提升自我的益处；

④ 优秀志愿者服务心得分享；

⑤ "帮帮生活"公益组织发展情况及成果展示。

（2）志愿者的技能素质常规培训

培训目的：为让所有的志愿者不仅能在参与志愿服务的过程中收获快乐，还要让他们懂得通过活动全面收集、挖掘对工作生活中有用的知识。使其更加认同"帮帮生活"的志愿服务工作，也促使志愿者更积极、更热情地投身到志愿服务活动中来。

培训对象：愿意从事及已从事志愿服务的在校生。

课程内容：

　　① 志愿者的自我认知；

　　② 优秀志愿者之通用礼仪（礼仪综述/谈吐的礼节、礼貌与禁忌/人际交往礼仪）；

　　③ 优秀志愿者之沟通技巧；

　　④ 优秀志愿者之情绪管理与心态管理；

　　⑤ 优秀志愿者之时间管理与目标管理；

　　⑥ 优秀志愿者之安全风险防范意识。

　　2. 培训方式

　　（1）集中学习

　　邀请优秀志愿者进行专场报告、播放"帮帮生活"志愿活动视频等，向志愿者诠释"帮帮生活"公益项目的意义以及讲述各个志愿岗位的工作要求。

　　（2）骨干培训

　　聘请专业人士对"帮帮生活"形象大使及优秀志愿者进行骨干培训，以学习营和训练营方式营造浓烈的学习氛围，通过一对一的示范与纠正，进一步提高志愿者的服务意识，加强对公益文化的认同与理解。

图 5.5.10　"帮帮生活"志愿服务培训

发展战略

（一）初期发展

　　任何一个项目的发展初期都是整个项目运作的黄金时期，这个时期对于公益性项目更是举足轻重，它直接关系到我们团队的项目基础与发展前景。

在初期，首先得有一批热情高昂、时间较为充裕、有志愿精神的志愿者，实现"帮帮生活"关爱"空巢老人"的志愿服务。结合志愿者数据的调查，我们将志愿者人群定位于各大高校的在校大学生。

其次，我们还必须有充足的资金支持整个公益活动的开展。由于"帮帮生活"是一个新成立的公益组织，在前期我们可以与大型的公益组织合作，在合作过程中学习和探索公益发展的正确之路，并借助它们在社会上的影响力推广自己的品牌。

同一时期最重要的就是考虑项目运营的经济问题，如何在不违背"帮帮生活"关爱"空巢老人"的公益意愿下，获取充足的资金支持项目的运营与发展。寻求政府与企业的帮助不失为一种好的办法，但依靠他人终不是长久之计，我们必须有一条自己的收益之道，给予公益活动最长效的保障。

我们利用在校大学生的消费习惯并抓住他们的消费心理与商家进行合作。商家给予"帮帮生活"的志愿者一些专项优惠，例如无门槛、满减代金券、折扣抵用券等，这些优惠活动都将区别市面上的优惠条款，对在校大学生具有很大的吸引力。大学生想要获得这些优惠，就必须用自己的爱心积分兑换，而爱心积分只有认真完成关爱"空巢老人"的志愿服务才能获取。项目运营前三个月，我们与商家商谈3个月试运营期，这期间我们不收取合作费用，只收取代金券的50%的提成。3个月后，运营收入可观，签订合约，每年收取商家2 400元的合作费用，同时继续收取各商家代金券的50%的提成。

我们将收益的40%用来维持团队内部的正常运营，其余全部投入到公益事业中。公益有了商业的支持，有了自己的资金来源，不管"空巢老人"数量有多少，公益规模有多大，我们都有能力做好帮扶工作。

我们尝试与知名企业合作，虽然遇到困难，但是最终于2017年5月拿下了与东风悦达起亚汽车有限公司意向合作，起亚连续三年给我们投资20万元。大学生毕业几年后会成为购买汽车的主力军，使用我们的公益积分可以兑换汽车的维修保养服务以及抵扣购车费用，这将长久促进志愿者做公益。

我们计划服务5万名"空巢老人"，招募3 000位固定志愿者。截至2017年6月，我们团队实际已拥有250位固定志愿者，12 000位流动志愿者，服务累计近27 000次，共帮扶了18 000位"空巢老人"。

1. 加强人力资源管理

项目的人力资源管理涉及到组织战略、组织框架、岗位设置、人才梯队、规章制度。我们将根据每个人的技能和专长进行岗位的分配,明确制定岗位说明书,并进行人才的储备,加强内部管理,保证项目的稳定持续发展。同时我们不断纳入新的志愿者,给他们志愿服务培训,提高专业化水平、树立团队意识、加强责任感。我们还要形成乐观积极的团队文化,增强团队成员的归属感,逐渐形成特色。通过这样一系列的人力资源管理措施,激发团队成员的工作活力。

2. 提升传播策略

互联网的快速发展以及微信等新媒体的普及为"帮帮生活"项目的推广提供了技术基础。加大宣传力度,从内容、形式等方面不断丰富创新,在青年人中营造积极参与公益的社会氛围,扩大社会影响。

3. 建立健全监督体系

当前互联网公益平台普遍存在制度不健全、公益信息"把关人"缺乏等问题,而公益项目在网络运营、新媒体宣传以及平台互动等方面经验不足。因此我们任重而道远,我们需要建立健全监督体系,保障项目运营持续性,打造我们的团队品牌。

在这个互联网高速发展的信息时代,我们将充分利用互联网平台建立网络监督体系,接受来自各方监督,使得项目运作透明化、公开化,具体从以下几个方面开展工作。

(1) 完善信息公开机制

坚持定期公示慈善资金流向及近期团队工作安排,对于财务流向充分解释、完全透明化,坚持专款专用,将帮助"空巢老人"的工作落到实处。此外,积极接受年检制度、行业评估的监督与约束,不忘初衷,让更多的"空巢老人"感受到我们的关爱。

(2) 在管理平台开设反馈与评价功能

公益服务的质量也是我们关注的重点,我们将采用平台反馈与评价的方式获得用户对于我们团队的建议以及志愿者服务的真实表现。后台志愿者在"空巢老人"得到服务后发送消息给社区人员,社区人员询问老人服务质量,后台志愿者将会把老人的建议及意见通过管理平台填入对应服务志愿者的评价区,因此可以据此衡量服务者的工作表现,及时发现问题,不断提高我们的服务质量。志愿者也可以随时在平台发表自己的服务感想。通过这样的方式,用户和志愿者加深了解,提高了我们团队的可信度。

（二）中后期发展

1. 扩大公益范围，寻求高信誉企业合作

团队经过三四年的运作后，我们"帮帮生活"逐渐在社会上有了品牌效应，进入大众视野，我们公益的初衷与理念也将获得大众认可。为了进一步发展团队，在这个时期我们的公益范围将逐渐触及全省乃至全国。彼时，我们将扩大公益规模，将受益群体扩增到整个弱势群体，不只服务"空巢老人"，志愿者也将不再局限于在校大学生。志愿者招募将面向社会，鼓励更多的爱心人士参与我们的"帮帮生活"爱心公益事业，为构建和谐社会，最美中国出一份力。

与此同时，我们还会不断完善内部管理，提高服务水平与质量，力求将我们的公益品牌做精做细。

公益事业要想长期发展，必须拥有稳定长久的资源，并且要树立一定的口碑和社会公信力。据我们团队了解：当前，我国公益资源供求信息不透明、不对称，资源分散等问题尤其突出；但我们处于信息时代，互联网有着中心化、跨时空、开放互动以及群体共享等优势，我们可以通过互联网平台，运用不同的方式方法来凝聚网络社会资本，获取更多慈善资源。

公益资源虽然必不可少，但是在此阶段，更重要的是对合作伙伴的严格筛选，选择有利于公益、拥有良好口碑的公司进行合作，且根据实际加大对公益的投入，实现更大的社会公益效应，形成良好的社会反响。

2. 拓宽收益渠道，创新商业思维模式

随着社会的发展，互联网技术的革新，我们将会自主研发一款 APP，将公益和商业整合在一个窗口，服务、管理集中一个平台。

未来志愿团队庞大，平台使用人数众多，为使这类人群稳定以及吸引更多的社会人士，我们会开拓设置属于自己特色的服务与功能。

财务分析

（一）收入来源

我们团队可以扩充社会保障资金以维持公益组织的可持续发展。根据

团队远期发展规划,本团队资金主要来源于以下两大类:一是资金筹集;二是项目本身的收益。其中,项目本身的收益是支持"帮帮生活"运营最长效的保障。

1. 资金结构与项目规模

我们团队第一年实际筹集资本 32.54 万元,其中公司赞助为东风悦达起亚汽车有限公司,并计划未来两年通过新媒体向社会各界人士募集资金,并向公益团队寻求流动资金,保证项目的正常运行。

表 5.5.1　2017 年前六个月项目总资金结构　　　　　　　　单位:万元

	收益	公司赞助
金额	12.54	20.00
比例	39%	61%

2. 项目运营计划

本团队初期大部分资金来源于收益收入,其余来自东风悦达起亚汽车有限公司的资金支持,团队将加大投资力度,巩固宣传效果,提高品牌知名度。此外,我们还将投入资金建设自己的网站,提升团队形象,丰富沟通途径。

(二) 利润预测表

1. 收入预测

"帮帮生活"前三年收入预测表,将从主营业务收入和营业外收入这两个方面进行预测,见表 5.5.2。

表 5.5.2　前三年收入预测表　　　　　　　　单位:万元

项目		第一年	第二年	第三年
主营业务收入	商家合作收入	13.32	20.64	21.60
	提成收入	16.20	24.30	32.40
	合计	29.52	44.94	54.00
营业外收入	东风悦达汽车有限公司赞助	20.00	20.00	20.00
合计		49.52	64.94	74.00

商家合作收入:2017年1月与74所商家合作,前三个月为试运行阶段,不收取合作费用;但从4月起,商家每年给予2400元的合作费用,即每月200元。

提成收入:自2017年1月起,每消费一次优惠券(优惠券金额在20元左右),按优惠券的50%收取提成。

营业外收入:2017年5月与东风悦达起亚汽车有限公司达成合作,公司三年内每年给予我们20万元。

2. 成本分项说明及预测

"帮帮生活"的成本结构主要有营业成本、管理费用、销售费、财务费用。前三年成本预测见表5.5.3。

表 5.5.3　前三年成本预测表　　　　　　　　　单位:万元

项目		第一年	第二年	第三年
营业成本	员工工资	4.80	4.80	4.80
	房屋租赁费	1.20	1.20	1.20
	合计	6.00	6.00	6.00
管理费用	服务器维护	2.50	3.00	4.50
	社会保险	1.00	2.20	3.60
	水电费及其他	0.70	0.69	0.80
	公益活动	29.70	38.96	44.40
	合计	33.90	44.85	53.30
销售费用	宣传费	5.00	5.00	4.00
财务费用	银行开户手续费、年费等	0.02	0.02	0.02
合计		44.92	55.87	63.32

员工工资:员工8人,每月500元。

社会保险:给固定志愿者投团体意外险,每人40元/年。

3. 利润预测表

"帮帮生活"项目所收益的60%投入到公益事业。

表 5.5.4 前三年利润预测表   单位:万元

项　目	第一年	第二年	第三年
一、营业收入	29.52	44.94	54.00
减:营业成本	6.00	6.00	6.00
销售费用	5.00	5.00	4.00
管理费用	33.90	43.65	50.70
财务费用	0.02	0.02	0.02
二、营业利润	−15.40	−10.93	−9.32
加:营业外收入	20.00	20.00	20.00
三、利润总额	7.62	15.60	10.62
减:所得税	0	0	0
四、净利润	7.62	14.40	8.02

团队描述

(一) 团队介绍

我们 Macro 工作室组建于 2016 年 10 月底,是由在校大学生自发成立的社会公益性组织,我们聚焦"空巢老人",为他们提供关爱服务,奉献爱心,传递正能量,以此呼吁更多的人加入我们,组成爱心大家庭,为更多需要帮助的"空巢老人"送去温暖。

(二) 团队宗旨

我们的宗旨是帮助有困难和有需求的"空巢老人",进一步弘扬中华民族优良传统。希望我们的行动可以激发广大社会人士参与我们的爱心公益项目,努力践行社会主义核心价值观。

(三) 团队目标

我们团队创立的目标是让全民参与公益事业,让有需求的人获得帮助,让有爱心善心的人实现自己的人生价值。也许我们会遇到一些挫折和困难,但我们有做好公益项目的决心,我们也会不断创新,争做行业标杆。为公益事业的未来,付出我们所有的激情。

(四)团队结构

表 5.5.5　团队部门人员结构表

部门	项目经理	行政人事部	财务管理部	公关宣传部	法律审计部	技术网络中心	公共服务部
人数	1	1	1	2	1	2	250

1. 项目经理

负责团队的日常事务,决定各部门经理的人选,协调各部门之间的关系。

(1)管理、决策职能:负责团队的日常管理工作,提出团队帮扶方针、发展规划的方案。

(2)财务管理职能:提出团队规章制度的方案,提出团队年度财务预、决算方案,由管理层讨论决定,并对本团队的财务报表进行审核。

(3)人事管理职能:决定团队管理、经营机构的设置,根据团队主要成员的意见决定人事任免,做出年度工作报告。

2. 行政人事部

负责组织团队日常事宜的安排和布置,建立每日报告制度,将每日的工作及时报告到总经理处。对于人事管理,认真贯彻执行国家法律、法规,综合团队实际情况,制定和建立人力资源管理制度。负责编制项目团队的人力资源发展规划。负责团队成员的招收、面试、录用、培训、考核、奖惩、辞退等日常管理工作。负责团队人事规章制度的规划、制定与修订。负责组织人事档案管理工作。负责拟订组织培训计划,并督导实施。向政府劳动部门填报各类统计报表。负责组织企业文化的内部传播及长期教育。

3. 财务管理部

负责团队财务事宜(财务会计报告及记账,资产计划,负责团队的预算、决算、审计,进行资金管理、风险管理,管理会计,项目融资,兼并与收购,经费、负债管理,损益、成本核算,纳税申报,资产保险,现金出纳与银行业务,资金平衡计划,固定资产清算,其他财务会计事项)包括工资的发放,设备的购买,奖金的发放和扣除,建立每周每月报告制度,定期向董事会报告,全部工作人员定期学习培训。

4. 公关宣传部

负责各类公益事业的组织与宣传。负责政府部门、各企事业单位联络,共同组织与合作进行公益事业的组织与实施。负责团队与其他企事业单位之间的沟通交流,以及团队整体外部形象的塑造,团队与政府部门的合作,上级领导莅临时的接待工作,组织大型活动时的组织工作。

5. 法律审计部

负责组织的法律事宜,包括组织的各类纠纷,保护本组织的合法利益不受侵害,以及本组织与法律部门的合作项目的研发与实施。

6. 技术网络中心

负责组织的微信平台建设和维护工作,搭建组织对外部的信息平台,及时公布组织的相关活动,为用户提供翔实的资料,搜集工作室需要的相关信息,为组织决策提供依据。负责组织业务的留档。

7. 公共服务部

负责关爱老人的具体工作,接受来自微信平台的服务预约。

第六节　稻画乡——艺术赋能农业
稻画振兴乡村案例

项目获奖:第五届中国"互联网十"大学生创新创业大赛"青年红色筑梦之旅"赛道国家银奖

项目成员:高心悦、花鹏宇、卢德旺、盛彭燕、高书雅

项目指导老师:滕秀夫、葛永锋、郭晓俐、卢东祥、吴海燕

项目概述

盐城市亭湖区自然原素文化创意有限公司由盐城师范学院大学生创立,是华东地区首家稻田画设计与制作公司,于 2018 年 3 月成立,共有成员 12 人,其中博士研究生 2 人、硕士研究生 4 人、本科生 6 人,公司资金 160 万元。

项目产品简介：公司主营产品为水稻等农产品的艺术设计制作服务。公司创造性地将生物工程技术、GIS空间定位技术及文化创意等多领域结合，自主研发了"稻田彩绘"技术，在提升水稻质量与亩产值的基础上，结合文化开展"稻田画"创作，以先做后付的推广方式，助推政府建设美丽乡村。公司通过打造稻田画提高当地旅游经济，带动当地农产品销售及农家乐发展。同时公司雇佣贫困村民种植养护稻田画，提供就业岗位，帮助村民脱贫致富。

公司拥有国内领先的稻田育种技术，公司盐彩稻不仅亩产值高，种植周期短，还具有观赏价值以及营养价值。区别普通绿叶稻，彩稻颜色丰富细腻，叶片、稻米、稻壳均为彩色，用于稻田画创作艺术表现力强。

公司有着最权威的农学专家以及经验丰富的稻田艺术创作团队，公司邀请到中国工程院院士张洪程院士、江苏省沿海农科所水稻专家孙明法教授、江苏省工农业旅游示范点评审委员会委员刘曙霞教授以及美术与设计学院的教授作为公司的专业顾问，为公司提供有效的技术保障。

项目缘起与发展

（一）项目缘起

随着国家"乡村振兴"战略的实施，面对中国每年万亿级的稻米消费市场，许多农业强县纷纷将水稻种植作为优先发展项目。但在一些水稻传统产区却存在水稻亩产不高，营养价值低下，农民收入单一，乡村发展同质化严重，导致当地贫富差距明显，发展不平衡。

东台市五烈镇是江苏传统的稻米产区，有着优秀的历史文化、红色文化、民俗文化。政府希望发展休闲农业来带动地方经济，帮助乡亲们脱贫。但存在着旅游无特色、难以宣传、缺少游客、政府旅游财政规划难等问题，导致休闲农业发展困难。

2016年11月，团队到东台市五烈镇针对气候条件土壤结构开展实地调研，确定项目的可操作性。2017年2月，团队到世界"稻田画之乡"日本青森县南津轻郡田舍馆村针对技术和发展模式进行学习。历经一年的研究与学习，公司针对东台的实际情况，开创中国"稻田画"的东台模式。

（二）项目发展

"稻画乡"乡土文化设计项目自主挖掘有文化底蕴的村镇，利用其文化资源结合彩色水稻打造新奇特稻田画,将艺术与稻田相结合来提升乡村文化旅游知名度,吸引游客带动当地旅游发展、经济附加值增长、农民增收,达到精准扶贫的项目初衷。

乡村旅游是当下的热门话题,但许多村镇在打造旅游品牌提升旅游服务能力的同时又存在发展同质化严重的现象。公司为了解决这些无特色且相互模仿式的景点难以吸引游客的问题,将稻田与艺术相结合,国内首创稻田彩绘技术。通过图案设计、定点测绘,种植出富有当地特色的稻田画,并将 GIS 空间定位技术运用到稻田画设计制作中,所以公司自主研发的"稻田彩绘"技术可以使稻田画创作效率提高 3 倍,每亩成本降低 30% 以上、颜色多、稻田画面积大、种植工期短、呈现效果生动立体。

公司彩稻颜色丰富细腻,叶片、稻穗、稻壳均为彩色,不仅亩产值高,种植周期短,还具有观赏价值以及营养价值,且含铁、锌、硒量均是普通大米的两至三倍。

在运营模式上,公司主动挖掘地方文化,调研红色、历史、民俗文化悠久的乡镇,积极与当地政府取得联系,针对政府创建美丽乡村问题,提出设计设想及意见。政府先期预付 30% 合同款,公司随后实地开展稻田画创作,在帮助政府产生效益后,政府再向公司支付尾款。

基于此商业模式,公司成功签订了多笔稻田画制作协议,2018 年营业收入达 240 万元。在扶贫实效上,公司通过雇佣当地贫困家庭种植养护稻田画,带动当地旅游经济发展的同时拓展当地农家乐、民宿等附加值高的产业发展,有效帮助宣传推广彩稻。

与此同时,公司根据当地自然因素不同,将从科研投入、市场开拓、产品开发、团队管理四个方面进行战略升级,持续加大产品研发投入,降低成本、提高生产效率的同时尝试更多彩色农作物开发,着手研发苜蓿、棉花、油菜花等不同农作物,利用艺术的创新性原则,设计创作符合当地历史文化的大地画。此外,同时尝试开发旅游、文创产品,布局彩稻艺术上下游相关产业。

目前,公司已与江苏、山东、广西、陕西、新疆五地建有合作基地,计划在 2022 年,完成 90 幅稻田画,耕地面积突破 7 000 亩。稻画乡——最专业的稻田画种植专家,生态农业扶贫路上与你携手前行。

图 5.6.1　公司部分稻田画展实施图片

市场分析

（一）中国乡村旅游发展现状

2019 年，政府工作报告提出"发展全域旅游，壮大旅游产业"。国家与地方政策、良好的经济环境、社会观念和社会结构的改变以及技术共同推动全域旅游的发展。2018 年，中国国内旅游人数 55.4 亿人次，入境旅游人数 1.4 亿人次，中国公民出境旅游人数 1.5 亿人次，保持增长态势。

乡村旅游是系统解决"三农"问题最直接最有效的手段之一。乡村旅游发展不仅能给农民带来新的就业机会和经济收入来源，而且能够促进农业发展在市场、组织等多方面的现代化，能够带动农村基础设施和生活环境的改善，从而有利于一揽子解决"三农"问题，促进乡村振兴。

2017 年中国乡村旅游接待游客 28 亿人次，占国内游客接待人次的 56%；营业总收入超 7 400 亿元，占国内旅游总收入的 16.2%。数据显示，我国乡村旅游人数占国内游客比重在历经 2012—2015 年的快速增长后，2016—2017 年保持平稳增长，而乡村旅游收入比重更是保持稳定增长趋势。

表 5.6.1　"三农"问题相互关系处理与目标表

相互关系	旅游					
	引入旅游产业增强产业活力使农业多产化	为旅游扩展新领域	多方增加农业收入和就业	为旅游业提供劳动力	改善农村环境、美化乡村	为旅游业提供开展的空间
"三农"问题	农业		农场		农民	
乡村度假旅游对"三农"问题的处理	建设旅游景点,增强项目的旅游功能打破传统种植农业,引入观赏农业打破传统种植农业,引入现代化科学技术		项目开发补偿性收益通过农户商铺改造、增加农民收入项目开发后,多渠道增加就业,通过旅游项目合作,提升农民生活水平		新的经济增长点的形成建设经营性街区,村庄整体风格和景观的提升,增加旅游、农村公共服务设施	
目标	实现乡村城镇化、建设美丽乡村,建设农民幸福生活的美好家园					

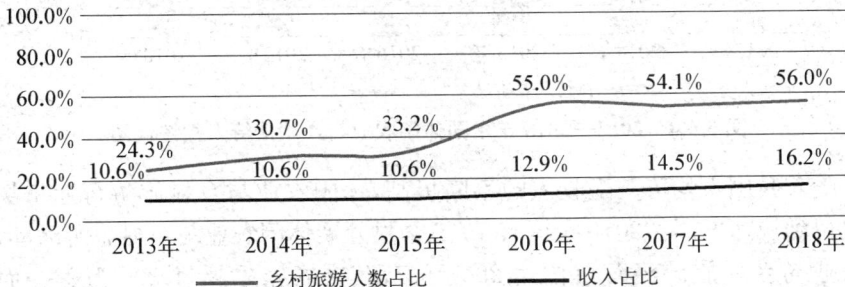

图 5.6.2　2013—2018 年我国乡村旅游占国内旅游市场比重折线图

乡村旅游已成为居民日渐常态化的消遣方式,数据显示:约有 65.4% 的居民最近一次乡村旅行是在周末,乡村出游已经成为居民周末休闲的主要选择。相比 2018 年春节期间,一个月以内进行一次乡村旅游的比重由 77.2% 增至 83.0%。2018 年游客选择乡村旅游的目的主要是亲近自然,占比 30.77%。其次是因为工作生活压力大,想通过乡村旅游放松身心,占比 23.16%。

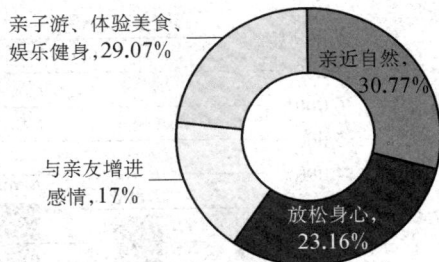

图 5.6.3　2018 年乡村旅游出游目的占比饼状图

（二）中国休闲农业现状及趋势

在全国旅游业快速发展的大背景下，我国乡村旅游这一新的旅游形式也被越来越多人青睐。数据显示，2012—2018年我国休闲农业与乡村旅游人数不断增加，从2012年的7.2亿人次增至2018年的28亿人次，年均复合增长率高达31.2%，增长十分迅速。目前已达到发改委等14部门印发《促进乡村旅游发展提质升级行动方案（2018年）》中接待人数超过25亿人次的发展目标。

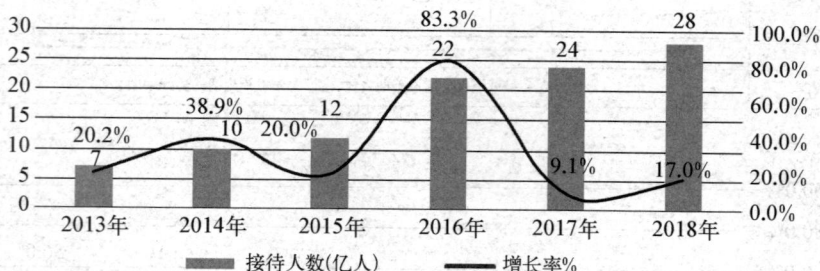

图 5.6.4　2013—2018年中国休闲农业与乡旅接待人数统计图

随着我国人均可支配收入的不断提高，休闲农业与乡村旅游行业市场规模也得到快速发展。2016全国有10万个村开展休闲农业与乡村旅游活动，休闲农业与乡村旅游经营单位达290万家，其中农家乐超过200万家。而到2018年，初步统计全国农家乐数量达到了220家。截至目前，全国休闲农业和乡村旅游示范县（市/区）共388个、中国美丽休闲乡村560个。

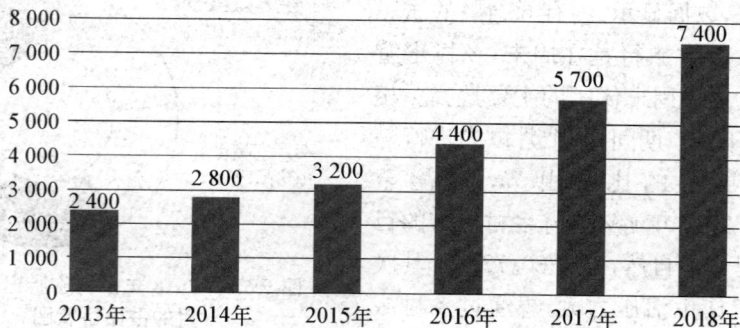

图 5.6.5　2013—2018年中国休闲农业与乡村旅游收入统计图

项目优势

图 5.6.6　彩色水稻展示图

（一）产品优势

1. 产品介绍

公司拥有国内领先的稻田育种技术，公司盐彩稻不仅亩产值高，种植周期短，还具有观赏价值以及营养价值。区别普通绿叶稻，彩稻颜色丰富细腻，叶片、稻米、稻壳均为彩色，用于稻田画创作艺术表现力强。

表 5.6.2　部分水稻性能指标图

产品编号	原料名称	产品形态	水稻颜色	播种期（月份）	插秧期（天数）	生育日数（天数）	植株高度
国审稻 2010046	中稻 1 号	粳型常规水稻	明黄	4 月下旬至 5 月上旬	35 天左右	92—100	104.4 厘米
豫审稻 2010002	光灿 1 号	中晚熟常规粳稻	墨绿	4—5 月中下旬	40 天以内	113—120	112.8 厘米
渝引稻 2011007	深两优 5814	中籼迟熟两系杂交	黄绿	3 月上中旬	30 天左右	106—125	118.3 厘米
国审稻 2016603	隆两优 534	籼型两系杂交	深红	7 月上中旬	20 天左右	135—150	108.4 厘米
苏审稻 201312	镇稻 683	早熟晚粳糯稻	紫色	5 月中旬	30 天左右	89—96	99.4 厘米
国审稻 2013021	欣荣优华占	籼型三系杂交	宿黑	4 月上旬至 5 月上旬	30 天左右	109—117	111.0 厘米
国审稻 2008001	Y 两优 1 号	籼型两系杂交	海黄	适时早播	25 天左右	98—121	120.7 厘米
苏审稻 201507	甬优 2650	三系籼粳杂交中稻	草绿	5 月中下旬	20—25 天内	132—148	114.2 厘米
苏审稻 201312	镇稻 683	早熟晚粳糯稻	黄绿	5 月中旬	30 天左右	94—109	99.4 厘米

公司的创意彩稻不仅好看,而且好吃,"盐彩稻"彩色稻米,相比较于其他普通稻米,颜值更高,更香、更软、更糯、口感更好,含铁量是普通大米的3.8倍,含锌量是普通大米的3倍,含硒量是普通大米的1.8倍,延缓衰老改善贫血的同时,具有丰富的维生素和硒,经常食用更具有预防癌症的作用。

表 5.6.3   五彩米与普通米对比表

类 别	五彩大米	普通绿叶稻
市场单价/千克	6.5 元左右/千克	1.5 元左右/千克
平均种植成本/亩	3 000 元/亩	800 元/亩
平均每亩产值/亩	8 000 元/亩	3 000 元/亩
平均每亩利润/亩	5 000 元/亩	2 000 元/亩

2. 产品制作流程

图 5.6.7   稻田画制作流程图

第一步,考察挖掘。公司组织团队主动挖掘地方文化,调研有文化底蕴待发展的乡镇。主动与当地政府联系,针对政府引流争创问题,提出设计设想及意见。

第二步,实地测绘。在种植前,对种植区域的地理条件进行排查勘测,初步确定种植的地点,为稻田画设计稿的初稿提供数据支撑。

第三步,方案设计。对实地考察的数据整理,结合当地文化背景考察,决定种植图案,利用 3Dmax、SU 草图大师、Lumiom 等相关专业软件,使稻田画呈现出 3D 效果。

第四步,选种育苗。根据设计稿的明暗关系决定水稻的色彩搭配,培育彩色水稻用于稻田画种植中,公司有着国际领先彩稻育种技术,现有种子库育有中稻 1 号、光灿 1 号、深两优 5814、盐彩黑稻 5 号、海黄 1 号稻、盐紫稻 8 号等70 种特育水稻。

图 5.6.8　稻田画选种育苗　　　　图 5.6.9　稻田画的制作

第五步，生物植线。确定设计稿后，对设计稿进行划区域，同时对种植区域也进行植线划区域，达到与设计稿上特殊位置定点一致。

第六步，插秧管护。设计稿和种植区域划分区域的重合，对特殊点定位，用竹竿排列画出种植路线，引导农民进行种植。

(二) 市场优势

1. 市场容量

农业、农村、农民问题是关系国计民生的根本性问题，必须始终把解决好"三农"问题作为全党工作的重中之重。

稻谷是我国第一大粮食作物，是口粮中最主要的消费品种。根据《中国居民口粮消费特征变化及安全耕地数量》，2011 年中国居民人均水稻消费量为 68.2 千克，占口粮消费总量的 54.7%。自 1991 年起，我国稻谷播种面积一般稳定在 3 000 万公顷(4.5 亿亩)左右，在谷物中占比约为 32%。根据《全国种植业结构调整规划(2016—2020 年)》，到 2020 年，我国水稻面积将稳定在 4.5 亿亩。

水稻消费以口粮为主。2018 年我国水稻消费主要有食用、饲料、工业、种用、损耗和出口等，其中口粮消费量占比 84.28%。2018 年口粮消费量比 2017 年减少了 6.5 亿千克，而饲料用粮、工业用粮量趋于增加，总消费量仍稳定在 1.8 亿—1.9 亿吨。

稻田画的出现，在保证水稻总产量不减产的同时，还带动了当地的旅游业发展，助力乡村振兴。在 2018 年水稻的种植面积和稻谷产量有明显的提升，不仅是我国经济发展带动了科技发展促进水稻种植，也有很大的原因取决于稻田画在中国的流行,也带动了水稻产业的发展,因此在未来积极推动稻田画的发展,市场潜力巨大。

2. 目标市场

(1) 打造生态观光、田园综合体。

(2) 发展特色农产品、提升乡村旅游附加值。

(3) 发掘特色乡土民俗文化。

(4) 推广稻田画形象广告。

公司主营业务为稻田画的设计与种植,寻找那些有旅游资源且发展不全面不充分的村庄,搜集文化素材,提交稻田画设计方案,通过与政府部门合作,帮助村庄提高旅游人次,增加旅游收入。此外,公司还承接一些农业种植基地项目和景区活动设计,借助主题设计,推广与宣传农耕艺术,寻求更大的市场空间。

3. 行业对标

我国从事乡村景点设计的公司共有 200 余家,行业集中度高。稻田艺术作为一种新兴的大地景观艺术,在国际享有盛誉,引发全球旅游爱好者的追逐。但目前,国内专业稻田画的设计公司有 3 家,以下是行业对标。

表 5.6.4　竞争对手对比表

公司名称	稻画乡	稻梦空间	凤翔文化
种植品种	水稻、小麦、青稞、苜蓿、棉花等	单一水稻	单一水稻
产品质量	叶片、稻米、稻壳全彩色	杂粮混合	染色稻谷
技术优势	彩稻育种技术、稻田彩绘技术	暂无	暂无
地域优势	覆盖全国	东北地区	华南地区

(三) 团队优势

1. 公司概况

(1) 公司资质

盐城市亭湖区自然原素文化创意有限公司是在校大学生创办的初创型企业。它是挖掘乡土文化与网红潮流元素,设计打造乡村"稻田画"景观。公司于 2018 年 3 月在江苏省盐城市正式注册成立。

表 5.6.5　公司概况表

公司名称	江苏省亭湖区自然原素文化创意有限公司
注册资本	160 万元
法定代表人	高心悦
成立日期	2018 年 3 月 23 日
公司住所	盐城市亭湖区南华东(盐城)农产品交易中心 27 幢
邮政编码	224000
联系电话	18605158910
经营范围	主要经营文化艺术交流活动组织策划;建筑装修装饰工程、房屋建筑工程、园林绿化工程设计。

（2）公司股权

江苏省盐城市自然原素文化创意设计有限公司注册资本金 160 万元,其中高心悦占股 45%,共计 72 万元;卢德旺占股 25%,共计 40 万元;花鹏宇占股 20%,共计 32 万元;滕秀夫占股 10%,共计 16 万元。

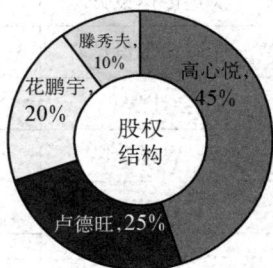

图 5.6.10　公司股权结构　　　图 5.6.11　公司商标

（3）公司商标

整体绿色的标志代表着"稻画乡"项目植根于乡村,扶贫助贫,使乡村在新时代焕发新活力。起伏变化的线条代表着公司项目的设计展现形式,体现了稻田的无限生机,也代表着公司的新鲜活力,寄托了对未来乡村发展的殷切期盼。

（4）公司宗旨

盐城市亭湖区自然原素文化创意有限公司秉承"艺术赋能农业,稻画振兴乡村"的公司宗旨,通过艺术设计制作,挖掘当地乡土文化,打造富有当地红色文化精神与符合当下潮流审美的乡土景观,提升当地乡村文化旅游知名度,实现乡村经济结构多元化发展,带领村民共同致富。

(5) 公司目标

在未来发展中,盐城市亭湖区自然原素文化创意有限公司一定不忘初心,砥砺前行,积极投身于乡村振兴工作,不断拓展业务,利用稻田画结合自身优势,为乡村面貌的发展出一份力,让公司服务的每一个乡镇真正地富起来。

2. 公司成员

表 5.6.6　公司成员情况

姓名	性别	专业	工作分工
高心悦	女	环境艺术设计	总经理
花鹏宇	男	环境艺术设计	运营部
马 坤	男	风景园林设计	设计部
陶蓉蓉	女	文化产业管理	项目部
卢德旺	男	视觉传达设计	技术部
盛彭燕	女	环境艺术设计	组织部
高书雅	女	会计学	财务部
张洪程	男	农学	农业顾问
吴和生	男	农业工程	技术顾问
刘 军	男	美术学	美学顾问
滕秀夫	女	设计学	设计顾问
葛永锋	男	环境设计	工程顾问
刘曙霞	女	旅游管理	旅游产业顾问
孙明法	男	农学	农业顾问

3. 团队业绩

2017 年项目组通过对五烈镇的实地调研考察中发现当地著名景点"海春轩塔"有重大历史文化价值,项目组将自身创意加入稻田画设计中并制作出详细的策划方案,公益设计打造了稻田画"海春轩塔",创作面积 15 亩。该景点被东台电视台广泛报道,冠以"盐城首家稻田艺术"的称号。2017 年东里村旅游人次首次突破 3 万人。在取得经验后同年在甘港村以每亩 1 万元的设计费试点试验稻田画"鱼米之乡",设计面积达 30 亩,获利金额 30 万元。

2018 年 3 月,我们正式成立盐城市亭湖区自然原素文化创意有限公司,由于先期项目取得了良好成果,公司先后与山东省东营市政府、扬州市小纪镇政府、五烈镇政府以每亩 1 万元设计费采用"先做后付"的模式再次合作,其中公司在五烈镇设计打造"天仙配"系列稻田画与红色文化"一心为国"稻田画,并在"天仙配"系列稻田画制作中采用了"千点分割"技术,举办了"秧苗为笔,千人齐绘"旅游活动,稻田创作面积 50 亩,游客参与人数达 500 余人,雇佣村民 30 人,开放当日吸引参观达 8 000 人次。此举被江苏卫视、江苏新时空、新华网等一线媒体采访报道。该活动过后据统计参观人次接近 30 万。同年五烈镇被评为"江苏省生态文明示范镇",甘港村被评为"中国乡村旅游模范村"、"江苏省最美乡村"。同年 8 月公司开发新农游项目"玉米迷宫",被誉为盐城"首个"农田迷宫,该项目促进了创意农业与现代农业的全面融合发展。

在过去两年获得实际良好的经济效益后,在 2019 年稻田画制作中,公司收益稻田画设计费上涨至每亩 1.2 万元,公司趁热打铁,在 4 月与扬州市小纪镇继续合作制作了"美丽新集"稻田画的同时,山东省济宁市李营镇和东营市永安镇政府找到我们公司,与公司合作在山东省连续打造了"锦鲤"、"山东乡村振兴"稻田画。6 月,团队又与五烈镇政府合作,设计打造"缘来东台"主题系列稻田画,打造了 4 幅"缘来东台"稻田画(《邂逅》、《成亲》、《织锦》、《梦圆》),设计制作总面积达 120 亩。设计出的稻田画直接带动村民的就业人数 612 位,农户脱贫户数达 407 户。同年,公司与广西壮族自治区河池市南丹县芒场镇进行合作,打造了"广西乡村振兴"巨幅稻田画,总种植面积达 60 亩,首次将 3D 技术运用到稻田画的制作中,呈现出一幅完美的 3D 稻田画。在这之后,团队在陕西省延安市宝塔区南泥湾也设计打造了稻田画"稻画乡里说丰年",设计达 60 亩,获利 72 万元。2019 年,公司将稻画推广至全国,为公司未来的业务发展打下了良好的基石。

同时公司借助学校的援疆计划,与新疆察布查尔县签订了合作意向书,计划于 2019 年 9 月完成一幅"民族大团结草原画",也与江西瑞金、延安等地达成合作意向,帮助他们宣传红色文化。

为了回馈社会,公司在 2019 年 4 月还成立了"稻画乡援疆基金会",将每年收入的 10% 拿出来资助新疆贫困家庭学生,帮助他们完成大学梦。

我们稻画乡团队在设计中超越自我,公司营业额突破千万,并将利润的一部分回馈社会,我们项目优势在于:低成本拉动旅游经济发展,在提高了水稻质量与亩产值的同时,能有效地帮助政府实现脱贫攻坚目标,带领农民脱贫致富,实现乡村振兴。

运营分析

(一) 运营模式

"稻画乡"乡土文化设计是将艺术与稻田相结合,打造"新奇特"稻田景观,吸引游客带动当地经济增长、农民增收的创业项目。团队主动挖掘地方文化,采用"先做后付"等方式帮助政府创建美丽乡村,开创了中国"稻田画"的东台模式。公司与政府合作,先期收取 30% 合同款,设计制作具有当地特色的稻田画,利用线上线下合作进行宣传,吸引各地的游客前来参观带动当地经济增长、农民增收,助力美丽乡村建设,在达成合作目标后政府支付尾款。

游客量带动了周边餐饮、住宿、商贸、农家小作坊、农产品加工业、农家乐等行业建设和发展,为当地村民提供更多的收入方式,以此增加收入,推动地方经济发展。公司在兼顾商业的同时也对农民进行扶贫。公司打造稻田艺术景观,在生态文明建设示范乡镇(街道)、村创建工作实际的基础之上,帮助政府打造乡村旅游基础设施,提升旅游服务质量,从而达到"中国乡村旅游模范村""最美小镇""省级旅游示范镇"等创建目标。

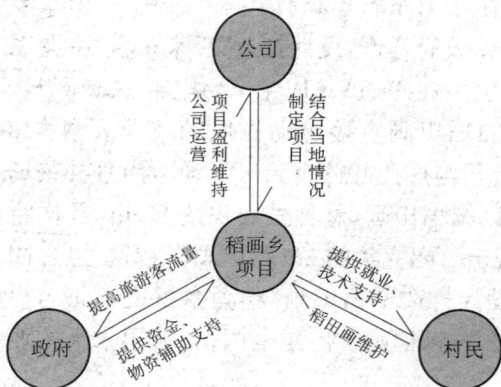

图 5.6.12　运营模式图

1. 调研走访,挖掘文化

公司针对农村贫困发生率高的状况,创新项目推广方式,制定设计手稿的流程开展业务,主动挖掘地方文化,调研红色、历史、民俗文化悠久的乡镇,积极与当地政府取得联系,针对政府建设美丽乡村的具体目标,提出设计设想及意见。

图 5.6.13　项目调研照片

2. 先做后付,创先争优

在和政府合作过程中,公司采用"先做后付"的商业模式。公司与政府签订合作协议,政府先期支付 30% 合作费用。在公司稻田画帮助政府引流争创取得实际效果后,政府再如期支付公司剩余费用。

(二) 营销模式

1. O2O 线上线下引流

公司针对休闲农业发展,在营销上采取 O2O 线上线下引流的营销模式。

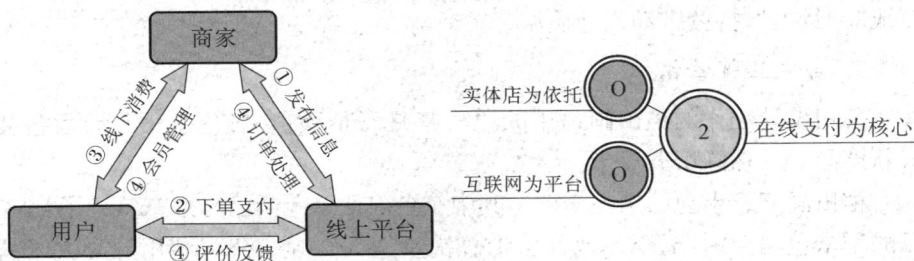

图 5.6.14　O2O 营销模式图

（1）公司运用新媒体技术从线上宣传公司的稻田画产品，公司稻田画产品被搜狐网、央视网、新浪网等数十家国内大媒体报道宣传。目前已与携程旅游、康辉旅游等国内一线旅游公司合作。在它们官网上线公司的稻田画休闲农业旅游。同时，公司也和字节工厂、吃喝玩乐 GO、小红书以及抖音合作，在它们平台上推广公司产品。新媒体宣传为公司、乡镇、农民创收盈利增加更多效益。

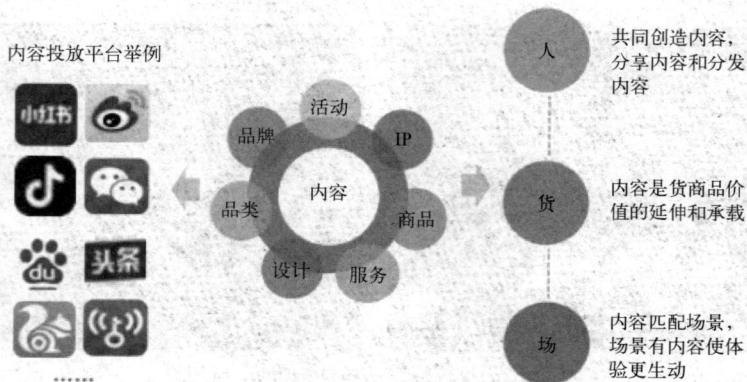

图 5.6.15　内容投放平台举例

（2）在线下，公司联系社区、企业、学校等单位，以及公关公司、会议公司、活动公司、拓展公司、婚庆公司、婚纱摄影公司等，共同开展乡村体验游、探索游、文化游活动等吸引游客，宣传公司影响力。

2. 活动及特定节日引流

公司定期在项目地点举办了"秧苗为笔，千人齐绘"、九月丰收节等旅游活动，利用活动推广的模式，增强游客的体验感和互动感，同时降低公司种植和后期维护成本，通过游客"口口相传"持续带动当地旅游。利用网络推广的模式，旅客或村民可以自发认筹田块，一起参与稻田画创作。让游客从"观景人"变成"创景人"，持续带动当地旅游经济效益。

3. 自主品牌营销

公司设计创作的稻田画运用的原材料是彩稻秧苗，彩色水稻收获后包装成新产品——稻画田五彩米。

稻田画五彩米现已销往全国。其中东台农业示范园已与京东签订了4 000万的稻米包销合同，至今各地五彩米总销量达 580 吨。公司利用五彩大米的推广有效提高知名度。

图 5.6.16 村民协助游客制作稻田画

图 5.6.17 "稻画乡"大米实物展示图

🎨 项目实效

　　公司第一次在乡村试点绘制"稻田画"后取得了喜人的成绩,并在其中找到自身价值体现的方向。本公司与政府尝试性达成先做后付的合作模式,公司深入分析市场前景、目标群体、资金预算,并走访游客群体,进行调查,发现该模式在应用实践有较高的可行性,既可以提升游客与乡村的黏合度,又调动了村民建设美丽乡村的积极性,达成良性的乡村建设模式。大量游客的到来,也为当地村民提供更多的收入方式,如今镇里有不少村民从乡村旅游产业获得收益,对乡村脱贫致富起到了极大的推动作用。据数据统计,2019 年五烈镇旅游人次现已突破 36 万人次,五烈镇正从基础型农业村镇转型成文化旅游镇。

图 5.6.18　东台市五烈镇旅游人次增长图

公司在推进和实践过程中,主要选取了东台市五烈镇作为试点地区,是因为其拥有深厚的历史底蕴,土地资源丰富,具有较好的旅游潜力,但大部分村民主要收入仍然是以农业为主,而忽视了乡村旅游资源的开发利用。

图 5.6.19　五烈镇红色文化历史悠久

公司通过多方宣传,扩大旅游人次,并有效提升游客与乡村的黏稠度,多方帮助下带动乡村旅游资源合理开发利用,从而增加了村民收入,使其从单一的收入方式转变为多元化收入方式,达到脱贫致富的效果。

(一) 社会效益

2017 年至今,公司打造的稻田画获得了良好的社会效益。公司稻田画获得媒体大量关注,被江苏卫视于晚间新闻专题采访,同时也被搜狐网、央视网、新华网等一线主流媒体纷纷报道,帮助公司旅游宣传,提高了当地旅游影响力。

图 5.6.20　"稻田画"宣传报道

2018 年东台市五烈镇甘港村被评为"中国乡村旅游模范村"。2019 年,东台市五烈镇被评为"江苏省生态文明示范镇",扬州市小纪镇被评为"江苏省农业旅游示范镇",山东省东营市永安镇获评"全国一村一品示范镇"。

图 5.6.21　2018 年五烈镇和甘港村获得荣誉称号

（二）经济效益

2017 年，团队首次江苏省东台市五烈镇东里村成功绘制"海春轩塔"，吸引了大量游客。在取得经验后同年在甘港村以每亩 1 万元的设计费试点试验稻田画"鱼米之乡"，设计面积达 30 亩，获利金额 30 万元。

2018 年，公司在甘港村打造稻田画"天仙配"时首次推出"亲子共创，千人齐绘"的新型艺术创作模式及系列活动。打造出互动性、体验性、参与性强的亲子合种活动，为体验者创造出"世外桃源"。同年，公司在东里村打造稻田画"一心为国"，当年被东台市爱国主义红色教育基地纳入学习点。

目前，公司与山东、江苏、山西等五省共完成 14 幅稻田画订单共计 1 120 亩，总营业收入达 1 052 万元。

（三）扶贫实效

在旅游增收上，2018 年公司各地稻田画参观旅游总人次突破 200 万人，公司通过带动当地农产品销售及农家乐发展等方法实现各地旅游增收 1.5 亿元。公司通过雇佣当地贫困家庭种植养护稻田画，已帮扶农户脱贫 407 户，带动 612 人就业，各地人均年收入增收 2 800 元，最高增收 2.3 万元。

图 5.6.22　2017—2019 年 7 月旅游创收及人均增收统计图

（四）回馈社会

公司设立了"援疆助学基金会"，拿出公司每年利润 10%，帮助在盐城师范学院上学的新疆贫困学生完成他们的大学梦。预计今年将资助 30 名新疆贫困学子。

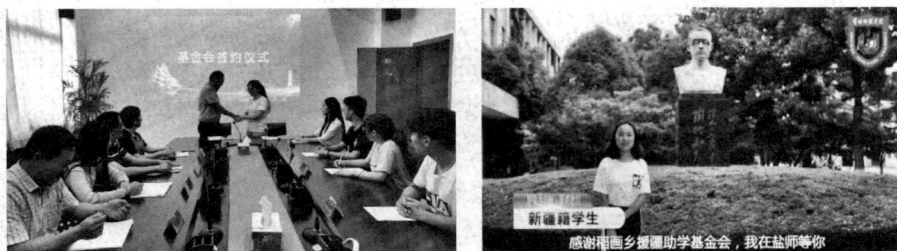

图 5.6.23 "稻画乡援疆助学基金会"签订现场及采访

项目持续性

(一) 模式复制性

1. 地区可持续性及复制性

目前公司稻田画已经辐射江苏、山东、陕西等 5 省,积累了丰富的实地经验。公司可以根据各地的实际情况结合近年来我国旅游业的发展情况,制定了整套针对性的管理、设计方案、栽培技术的技术服务和培训方案。可在我国农业发达,地区发展模式相似的地方,推广至全国各地,落地生根。

2. 种植品多元化

由于农作物生长环境的不同,本公司根据当地的自然因素的不同,现已准备以苜蓿、向日葵、油菜、稻谷等不同种类的农作物为主体,设计创作符合当地历史文化特色的大地画。

图 5.6.24 农作物拓展图

公司与东台农业产业园合作,目标开发更多的农耕景观原材料,目前已有小麦、油菜花、苜蓿等五种研究课题方向。其中,苜蓿和棉花已取得突破性进展,棕色、绿色、驼色三个彩色棉花定型品系大面积种植获得成功。公司计划未来三年内,开发三种新型农耕景观。

(二) 未来可持续性

公司将从科研投入、市场开拓、产品开发、团队管理四个方面进行战略升级,在持续加大产品研发投入、降低成本、提高生产效率的同时,尝试更多彩色农作物开发,探索更多的可能;在加强稻田画种植主要业务的同时,尝试开发旅游、文创产品,布局彩稻艺术上下游相关产业;提升团队业务能力,加强农民培训,提高基础农业从事人员的行业能力和管理能力。

在产品开发上,公司加强稻田画发展业务的同时尝试开发旅游、文创产品,布局彩稻艺术上下游相关产业。

在团队管理上,公司提升团队业务能力,加强农民培训,提高基础农业从事人员行业能力和管理能力。

公司的目标是做中国最好的"稻田画"制作公司,用稻彩画讲述中国故事,传播国家精神,弘扬民族文化。

备注:项目案例分析提供全套项目策划书、路演 PPT、项目介绍短视频等线上电子教学资源。